大展好書　好書大展

品嘗好書　冠群可期

中華傳統武術 21

劉鳳春八卦掌

史建華　史學良 著

大展出版社有限公司

董海川像

劉鳳春像

劉奇藍像

劉文華像

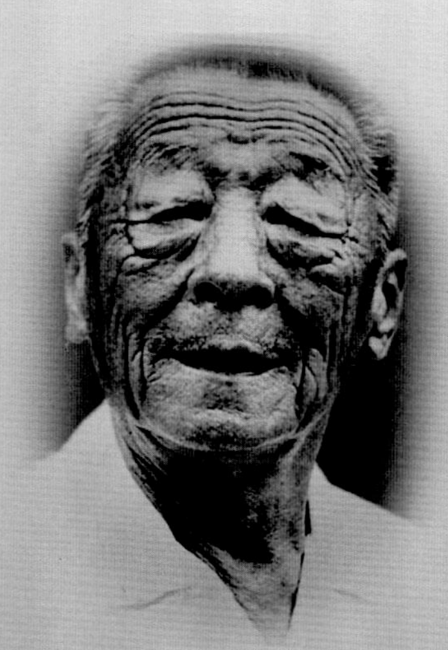

史建華像

1953年史建華給劉文華先生的拜師帖

1978年武術隊合影（中坐者為史建華先生）

1982年11月5日，史建華及弟子與孫劍雲老師合影

史建華與孫劍雲老師合影

1990年，史家祖孫三代合影
（史建華　史學良　史成斌　史亞斌）

祭掃劉鳳春墓地

2005年3月27日，史建華先生紀念碑落成合影

史建華拳照

史學良演練八卦刀

史學良演練四平劍

史建華之孫史成斌演練劉式八卦掌

學生成績斐然

涿州市八卦掌研究會等籌備委員會成立

序　言

《劉鳳春八卦掌》一書脫稿在即，受史學良先生之托，撰寫序言，實屬勉為其難。我既非專業武術工作者，也非名家教授，且遠離武術圈多年，充其量僅僅是一位八卦掌愛好者。

先後見過史家五代人，與史家近二十年的友誼，這一切源起於20世紀80年代末、90年代初的的「八卦掌專題調研」。當年我自費數次走訪河北腹地，先後途經固安、霸州、雄縣、文安、河間、深州、保定等地。

1994年春節前夕，為調研「劉鳳春八卦掌」相關史料，再度蹬車隻身前往涿州，訪史老於家中，得其全家厚待。入夜對坐燈下，通宵長談。日當拂曉，先生以身說法，演示掌技，並與令郎對操散手於庭中，其手法細膩，風格古樸，至今令人難忘。

「劉鳳春八卦掌」是八卦掌百花園中重要的組成部分。由於特定的歷史原因、特殊的地緣環

境，在涿州一隅流傳近百年。其間，由於絕少受到外界競技武術的影響，以及都市健身武術的改造，迄今仍保留著鮮明的特色與獨特風貌。

事物的發展、演化需要一個漫長的過程。八卦掌作為近代武術史上誕生最晚的拳種之一，其自身不斷的演化歷程，同樣走過一條曲折的道路。劉鳳春八卦掌最突出的研究價值，恰恰體現在它是八卦掌發展歷程中的「活化石」，為今人瞭解八卦掌的歷史風貌、演化歷程提供了重要參考。

2003年夏，我與學生一同前往涿州拜會史老，一同瞻仰劉鳳春家族墓地，席間約定歲末年初時再來涿州。不想新年剛過，老人一病不起，數月後竟黯然去世。他的辭世，不僅是八卦掌界的一大損失，也為後續研究工作的深入開展帶來了缺憾。

例如：在涿州史建華先生傳承的劉鳳春八卦掌體系中，至今仍保留有大量長拳類的訓練技法，這點實屬罕見。其原因究竟何在？考慮到史老幼年時跟隨舅父習長拳，其教學體系中諸多的長拳類訓練技法，是因此而載入，還是劉文華先生所傳授？

又如，無論是京城還是涿州，八卦掌界均有共識，言劉鳳春初學於程（庭華），後從師於董（海川）。如果事實果真如此，那麼劉鳳春所習的八卦掌技藝，其風格技法理所當然應更接近程。但從目前流傳的技術體系上做深入細緻的比對，無論其風格還是技法，事實上卻更接近於尹福，對此又該如何解釋？……諸如此類，眾多的歷史謎團，隨著先生的去世，或許成為了永久的謎。

值得欣慰的是，涿州劉鳳春八卦掌的傳播與發展並沒有止步。在史學良先生帶領下，保定市武術協會涿州市八卦掌研究會於2008年10月正式成立；2009年發行《研究會會刊》；學子們在歷屆武術交流賽事中的成績喜人。如今這部《劉鳳春八卦掌》專著，幾經易稿，終將問世，不僅彌補了相關領域研究的空缺，相信也會對今後的傳播、發展，起到不可估量的推動。值此，告慰史建華先生在天之靈！

張永春

辛卯年　歲在仲秋

前　言

八卦掌自清同治年間傳世以來，歷經發展，業已成為中華武術百花園中的一朵奇葩。其獨特的練功方法，卓絕的武術技藝以及在強身祛病、益壽延年等諸多方面的特殊功效而享譽武林，深受廣大武術愛好者的喜愛。

流傳於河北省涿州市的劉鳳春八卦掌，自劉鳳春先生傳流至今已有百年，薪火相傳，代不乏人。家父史建華師承劉鳳春之子劉文華先生，幾十年如一日練功不輟，一生為弘揚、傳播劉式八卦掌不遺餘力。臨終前曾留下遺願，將《劉鳳春八卦掌》刊行於世。

我自八歲開始隨父親史建華習練八卦掌，並曾先後師從於遼寧省武術教練徐其成、廣西省武術教練周樹生、著名武術名家孫劍雲老師等習練長拳、劍法、孫式太極拳。現任涿州市第六屆政協委員、國家二級武術裁判、中國武術段位六段、河北省保定市武術協會涿州市八卦掌研究會

會長。

本書較為詳盡地闡述了劉鳳春八卦掌的源流與發展。系統介紹了劉鳳春八卦掌總式樁、趟泥步、八大掌及散手。本書的問世，不僅圓了前輩幾代人的心願，為八卦掌的發揚光大起到推動作用，同時也彌補了劉鳳春八卦掌長久以來，僅憑口傳身授，而無專著的空白。由於寫作水準有限，書中出現錯誤和不當之處難免，懇請廣大武術界同仁批評、指正。

史學良

目　錄

第一章　簡介

第一節　劉鳳春小傳

劉鳳春，字茂齋（1853～1922），河北省涿州市北西郭村人。17歲時，經友人介紹，到北京前門打磨廠胡同「吉祥」翠花作坊學徒，因往來於崇文門外「花市」，遂有幸結識八卦掌創始人董海川先生的高徒程庭華，並從學於程。一年後，經程庭華舉薦，投師於董海川先生門下。

當時董公業已古稀，不再收徒。經程庭華懇求再三，才答應一見。次日晚，程攜劉鳳春到吉祥寺拜見恩師。當時人很多，董公正在和別人說話，程輕輕地告訴老師說：「我把他帶來了。」董公點點頭，繼續和別人說話。

程就讓劉先活動活動，於是劉鳳春就將一年來程之所授一一演練。董公在和別人說話的時候無意中看了一眼，頓時眼前一亮，對劉說：「你

再練練。」此時劉鳳春周身業已活動開，一舉手、一投足，頗見功夫，眾人讚不絕口。

董公心泛喜悅，頻頻點頭。當即對程說：「此人細琢可成器，選個日子給武聖人磕個頭，收他做個關門弟子吧！」

回過頭來，對劉說：「練武可是個吃苦的活兒，俗話說：下米的吃飯，添水的喝湯，你懂嗎？」劉回答道：「我懂您的意思，我不怕吃苦」。程馬上對董公說：「今天初七，明天初八，後天是重陽節，您看後天成嗎？」董公朗朗大笑，點頭應允。

清同治十二年（1873年）九月九日，董海川師徒雲集吉祥寺舉行收徒典禮。劉鳳春當時因學徒未滿，沒有報酬，故香火、飯錢均係程庭華墊付。後來劉常和家人學生提及此事，囑咐不要忘了老程家這一炷香。

劉自拜師後，用心練功，幾近癡迷。董公亦對其關懷備至。師悉心傳授，徒深刻領會，一年許已有小成，三年逐成大器，拳法有致，動靜分明；快似閃電，動似狸貓，一個「單換掌」無人能敵。故有「賽貓行」、「常勝將軍」、「翠花劉」等美譽。

劉鳳春主要傳人有：劉文華、許禹生、李劍華、傅劍秋、周祥、張廣居、周魯泉、李茂齋等。

第二節 劉文華小傳

劉鳳春之子劉文華，字子英，生於1892年，河北省涿州市北西郭村人。幼年隨父習武，身捷步靈，拳法出眾。1912—1922年，隨父在京授拳，頗受同門稱道。平時技不外露，性情文雅，時人冠以「劉爺」稱之。

1922年，劉鳳春去世，劉文華在家守孝三載，自此閉門謝客，少與外界往來。

1945年日本投降，舉國歡慶。停歇數年的「碼頭廟會」，於第二年正月十五重張舉辦。並邀請了諸如「少林會」等很多民間社團前來助興。

廟會當天，劉文華隨眾鄉親逛廟，走到台口處，碰見向陽「少林會」會首向他招手，倆人正在寒暄時，上來一位四十歲開外的男子，操著外鄉口音說：「這麼大的廟口，淨是玩藝兒，沒有真的。」

會首一聽，臉上有些掛不住，隨即小聲說道：「劉爺，今兒碰上個找碴的，您看怎麼辦？」

劉爺答到：「別怕，讓他們開開眼。」說著，提前襟，邁闊步來到臺上。抱拳過後，一個白蛇伏草跟著一個截腿。台下眾人還沒看清這老頭兒是怎麼下去又怎麼起來的時候，只見一隻腳已經從大襖的領口處伸了出來！人們如夢方醒，潮水般的掌聲接踵而來。

這一露臉不要緊，多年的隱居生活被打破，武林界同仁紛紛請其出山，均被劉爺婉拒。事後，程有信攜弟子曾多次來家小住。

1951年，劉文華當選涿縣首屆政協委員，並開始在家鄉傳播技藝，所授弟子有劉樹德（子）、楊海川（外孫）、史建華、王麟閣、祝廷義、詹大明、曹茂勳、閆新民、曹召慧、劉恩喜、李朝英、李朝恩、李根山、魏德海等。1972年農曆九月初四病逝，享年80歲。

第三節　回憶我的父親——史建華

家父史建華，名奇，字建華，河北涿州市

向陽三村人。生於1933年12月14日。八卦名家「翠花劉」之子劉文華先生入門弟子。1952年參加工作。一生致力於國家的武術事業，尤其對劉鳳春八卦掌的傳播與發展，更是畢生的追求。

家父自幼喜愛武術，10歲便跟隨舅父丁子秀習練少林拳。1953年5月9日，在舅父的支持下，遞帖拜師於劉文華先生門下。從此，二十年隨師習武，侍奉左右，深得師父喜愛。

家父一生任教師42年，一直堅持業餘時間習武授徒。「十年文革」中，極左思潮將練武術、教武術視為「四舊」、「不務正業」、「想復辟」。為練武，家父曾多次被強迫寫檢查、挨批鬥。

家父曾向批鬥他的紅衛兵說：「我有什麼錯？」他們回答說：「你練舊社會的東西，就是想復辟！看你，就連劃火柴點煙的姿勢、動作都和你師父一樣，你就是夢想復辟！」

雖然白天挨批鬥，晚上寫檢查，但父親對武術的執著追求絲毫未減，依然如故地堅持鍛鍊和探索。

「梅花香自苦寒來」，家父既得良師真傳，便不計寒暑，勤奮刻苦練功。每當夜深人靜時，

他便手提著鞋，攝手攝腳，拉開屋門到屋外，再把鞋穿上，開始練功。他常到村東的牤牛河裡，逆水練習八卦趟泥步；在河邊沙灘上練習散手和八卦圈，一練就是兩、三個小時。

除去整塊的時間集中練拳外，他也抓零碎時間練拳。無事坐著時，練習氣的吐納運行；早晚、起床前，躺著練習搬腿功夫；無人之際，站著練習幾個散手動作；走動時，突然來一個抽身換式的回身動作。總之，利用一切空閒來練習武術，直到晚年。他常說：「追求武術，有恆則成。」

在傳授技藝方面，家父非常嚴格。對我所習拳械，每隔三、五天就要查一次，並對動作、神態、力法等諸多方面逐一修訂。因八卦掌的要點是以剛為本，剛中求柔，一招一勢都要用勁。為了驗證我的勁力，他常常以自身為靶，令我猛擊，加以指導。

當我練武懈怠時，就語重心長的對我說：「你做事要認真，習武者是下米的吃飯、添水的喝湯，你要記得呀！」這句話成為我後來習武的座右銘。

家父授藝教人，愛徒如子。20世紀70年

代，家境較為窘迫，有人給父親拿來一盒糕點，他自己不吃獨食，一定要等弟子們來了一起享用。有的弟子家境貧寒，生活起居便都和父親在一起，後來其子女上學時，父親也經常接濟他們，用自己的工資，為其兩個女兒繳學費。但是在習武方面，父親對弟子們的要求卻極為嚴格，一個動作做不好，父親就讓他們一遍一遍的做下去，直至父親滿意為止。

記得一位師兄在練習雙撞掌時，父親給他做示範，怎麼接手、怎麼打，一下把這位師兄打離地面一尺多高。後來，父親又讓他在自己身上試力，可是他力度總掌握不準。

父親一掌一掌承受著，又一遍一遍給他糾正著，就這一掌練了近三個小時，父親挨了他多少下打不計其數。直至如今，這位師兄仍感歎：「我的功夫是在師父身上練出來的。」類似上面的例子很多。

家父對武德十分看重，與人較技，點到為止，從未傷過人。為完善自己，打破門戶之見，常與各門派武林同道一起探討交流拳技。晚年又拜孫劍雲先生為師，學習了「孫氏太極拳」「八卦劍」。其謙虛好學，孜孜求索的精神至今仍為

世人稱道。

父親生前歷任涿州市政協委員、涿州市武協副主席兼秘書長、國家武術一級裁判；多次參加國際、國內重大武術賽事；多次被報刊、電視臺報導；參加全國八卦掌統一套路的整編，為傳播推廣劉鳳春八卦掌技藝，做出了極大的貢獻。

2004年農曆8月16日，父親因病去世，享年71歲。

第四節　史學良小傳

史學良，1957年生，河北省涿州市向陽三村人。劉鳳春八卦掌第四代傳人，中國武術段位六段，國家二級武術裁判，保定市武術協會涿州市八卦掌研究會會長，涿州市第六屆政協委員。

史學良八歲起隨父親史建華習武；1978年，從遼寧省武術教練徐其成習練長拳；1979年，隨廣西省武術教練周樹生學習劍法；1982年，從孫劍雲老師學習孫式太極拳、劍。

1980年，榮獲保定地區武術比賽短兵第二名；1982年，參加保定地區武術比賽，擔任裁判工作；1986年，開始義務教授武術；1987

年，《涿州報》《保定日報》等以「八卦傳人新風尚」為題報導其義務傳授武術的事蹟。

2004 年 8 月，參加遼寧葫蘆島舉辦的全國武術交流大賽，獲男子八卦掌一等獎。其撰寫的《八卦掌樁功及行步鍛鍊方法》發表於《武魂》雜誌 2005 年第 9 期。

2007年3月，涿州電視臺對其進行了為期一週的電視報導。同年4月20日，《今日涿州》在「人文涿州」專版對他進行報導。

2004年，家父史建華去世後，史學良開始收徒授藝，至今入室弟子已有數十人。在各級領導及師門同仁的大力支持協助下，2008年10月12日，成立「保定市武術協會涿州市八卦掌研究會」，2009年發行《研究會會刊》，為劉鳳春八卦掌的傳播發展不遺餘力。

第二章　綜　述

第一節　風格與特點

任何一門拳術，都有它獨特的理論與風格特點。劉鳳春八卦掌除基本功訓練外，學習其內在理論，體現其獨特風格，也是習練者所必須掌握的重要知識。只有內外結合，深入細緻地學習，才能不斷提高，漸入佳境。

八卦掌儘管在流傳中不斷演化，形成今日眾多的風格與流派，但「三形、三勢」的整體風格，始終不變。

三形者：行走如龍，動轉如猴，換勢如鷹。

三勢者：步似趟泥，臂似擰繩，腰似轉磨。

其拳術特點為：以掌為法，以步為根，抽身換式，斜出正入。

所謂手一滾而出，身一滾而動，周身擰裹鑽翻，層出不窮。其掌法儘管變化萬千，但根本總

不離：推、托、帶、領、搬、扣、劈、進八字總綱。

此外，三平、三合的要求，在劉鳳春八卦掌體系中至關重要。

三平者：兩肩要平，兩胯要平，兩腳要平。

外三合者：肩與胯合，肘與膝合，手與足合。

內三合者：心與意合，意與氣合，氣與力合。

其風格突出表現在，無論是散手的攻防招式，還是八大掌的演練，其動作少而精，簡潔明瞭，以走轉行圓的腿功為主。

走如風，站如釘；靜如岳，動如潮。手打三分腳打七，妙處全憑能借力，勝負全憑腳下急。虎踞龍盤，蹬萍渡水，抽身長手，斜出正入。

與同窗好友許禹生一起集資創辦北平體育研究社的楊季子（1885～1965）先生，在其《述懷》詩中記述：

時有許氏子，立社集群賢。

彈腿通臂三皇錘，形意太極與螳（螂）拳。

矯健沉雄互相尚，剛堅柔韌各爭先。

或云出手必須黑，或云聽勁應知粘。

我獨格格不相入，間常稍習而即捐。

紀夫子、劉先生，一以散手著，一以八卦名。

散手質樸世弗重，八卦式簡而義精。

以我落落寡合者，致力於斯殊近情。

所謂抽身換式，指的是身法變化的機敏神速；需要嚴謹的洞察力、多變的掌法、靈活的腰身、敏捷的步法、虛實的勁力，從而達到步隨身走，掌隨身變；非數年苦功，難以練就。

所謂斜出正入者，正面對敵，避其鋒芒，其機要在於步法。八卦掌的步法變化儘管多樣，但總不離擺、扣、趟泥三法。進退有法，張弛有度，避實擊虛的目的，在於把腰練活，把步練活，把掌練活。

遇強敵時，則取其空隙，乘機而出；觀之在前，倏忽就回；忽左忽右，忽前忽後。這需要手、眼、身、法、步的高度協調。

站樁是八卦掌入門重要的基礎。站樁時梗直豎項，虛靈頂勁；含胸拔背，氣宜下行，歸於丹田；溜臀提肛，合膝膘襠，腳趾抓地。

其運動形式以走轉行圓為主。在走轉行圓習練過程中，要意守丹田，鬆而不散，剛而不僵。

以趟泥步、擺扣步為基本步法，配合直趟單操手為主要運動形式。

以腳為根，發於腿，主宰於腰，通脊背，達四梢。其勁力以擰、鑽、掙、裹見長。整套掌法以「牛舌掌」的掌法出現。習練中做到「出手無人似有人」；實戰中要做到「出手有人似無人」。見手發手，借力發勁；進如猛虎，轉似游龍，體現出身法的高度靈活。

其十六字訣為：推託帶領，搬扣劈進，纏扣刁鑽，擰翻走轉。

習練時，呼吸以鼻，輕入緩出；舌頂上齶，氣宜下行。做到沉丹田，守丹田，運丹田。

沉丹田是指體內本身固有真氣，在意念中沉至丹田，而並非口鼻呼吸之氣。因此，在練習過程中，要呼吸順暢，切勿憋氣。

守丹田是指用意念守住沉入丹田之氣，聚氣不散，使真氣凝聚在丹田之處，以形成丹田內力。

運丹田是指守住丹田之後，要會運用丹田之氣。在運動中丹田之氣就會向身體的每一部位發動力量。如果是出手，這一力量的點，便會集中在手上；如果是出腿，這一力量的點，便會集中

到腿而爆發。總之，運丹田之氣可以爆發於身體每一處，用以技擊。

第二節　基本功

內家拳入門，以揉筋骨為第一要旨，使周身筋骨關節鬆活、柔順。

一、搬　腿

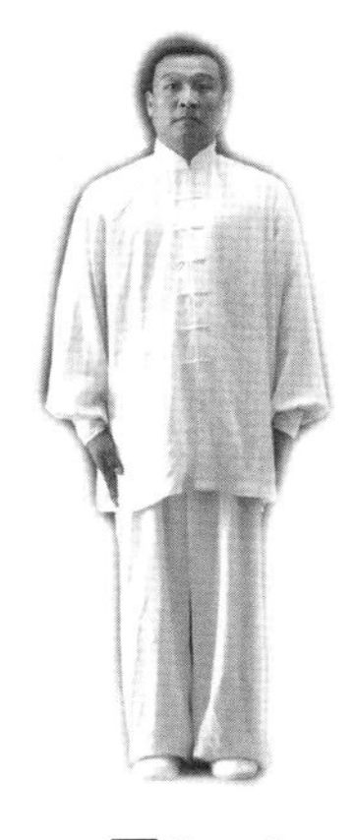

圖2－1

圖2－2

圖2－3

圖2－4

二、揉　腿

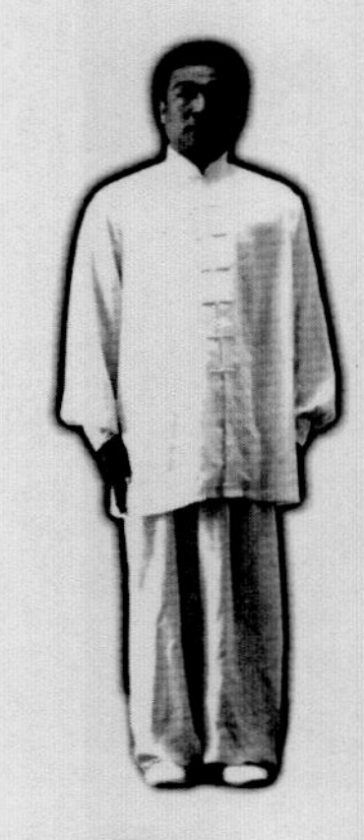

圖2－5

圖2－6

圖2－7 圖2－8

圖2－9 圖2－10

三、十二連腿

八卦掌的腿法有明有暗，相互變換，層出不窮；基礎腿法為十二連腿：擺、扣、踢、屈、兜、崩、翻、踹、劈、蹬、截、切。其三盤

圖2－11

變化，左右互用，故歷史上八卦掌有七十二暗腿之說。

擺腿：現今通行的稱謂為「外擺腿」。

扣腿：現今通行的稱謂為「裡合腿」。

踢腿：現今通行的稱謂為「正踢腿」。

屈腿：所謂屈腿，高提膝，高可及前胸。

兜腿：所謂兜，現今通行的稱謂為「勾腿」，即斜踢之意。

崩腿：現今通行的稱謂為「彈腿」。

翻腿：有內翻、外翻、後翻等多種。

劈腿：外形與正踢腿近似，重點落在下劈上。

踹腿：現今通行的稱謂為「側踹腿」。

蹬腿：力達足跟，向體前蹬出，高與腹平。

截腿：提膝，用足內沿向前橫截對方進步和來腿。

切腿：提膝，用足外沿向下斜切對方來腿。

四、總式樁

總式樁為劉鳳春八卦掌入門基礎，具體練法詳見後。

五、趟泥步

八卦掌是以掌法變換和行步走轉為主的拳術，無論是練功、交手均「以走為用」，故而趟泥步是八卦掌重要的基本功之一。

習練趟泥步時要呼吸自然，氣沉丹田。兩肩鬆，兩膀沉，腰如軸立。兩足平起平落，五趾抓地。行步時，腳掌離地不過寸。

初練時力求平穩，速度均勻，虛實分明。忌前俯後仰，左右搖晃，上下起伏，掀蹄亮掌。

六、轉　掌

掌握了直趟趟泥步的要領後，需刻苦練習，直至功底紮實，方可進入轉掌式的訓練。

轉掌，是將總式樁與直趟趟泥步相結合，取依圓走轉之法，是八大掌的習練基礎，故而被稱為「行樁」。

轉掌式有三盤，上盤較適合初學者及中老年人習練；中盤以中青年習練者較為適宜；下盤僅適用於負重型輔助練習。習練者當多以中盤為度。青少年因骨骼發育尚未完成，中老年因骨骼硬化，均不適宜下盤訓練，否則對骨骼發育、膝

關節將帶來諸多病變。

習練轉掌，初期採用自然呼吸法，待適應強度後，在老師的指導下，採用腹式呼吸，氣沉丹田。

轉掌，顧名思義，是在走圈中習練的掌式。習練時要左轉、右轉均等，不可一側偏廢。習練轉掌式，走圈每次不得少於20分鐘，最長不超過1小時，中間不能休息。

七、八大掌

總式樁是「站」的基礎，趟泥步是「走」的基礎，轉掌是「轉」的基礎。掌握了總式樁、趟泥步和轉掌後，便可以練習八大掌。

八大掌為單換掌、順勢掌、雙換掌、進步掌、轉身掌、搖身掌、磨身掌、背回捶。

八大掌是八卦掌的核心技法。昔日劉鳳春先生只一個單換掌就練了三年，未逢對手而名揚天下，足見八大掌的重要。

八大掌的核心為單、順、雙，早年被稱為「老三掌」。八大掌的其他掌式都是由此三掌演化而來。

八大掌透過走圈來練習，左右皆練才算完成

一掌。只有一掌練熟，再學下一掌；只有練到動作熟、勁力整，方能活學活用，舉一反三，從而最終掌握八卦掌的攻防技法。

八、三　要

1. 要防三病

三病者：努氣、拙力、腆胸挺腹。

三病的提出，是前人在數十年教學、練功的基礎上總結而成的。所謂「努氣」者，「憋氣」也。常見初學者，行步轉掌時努氣、憋氣，練拳時心慌氣喘，造成胸悶氣湧而傷肺，原因就在於用「拙力」——兩臂肌肉僵硬，腆胸挺腹，從而導致呼吸不暢，情況嚴重者可出現心慌、氣短、眩暈、嘔吐等症。

2. 要循序漸進

練功如春之苗，不見其長，日有所長。練功要得法，要循序漸進，不可一日曝十日寒，非但不出功，反而對身體有害。

3. 要持之以恆

古人講「梅花香自苦寒來」「只要功夫深，鐵杵磨成針」。練功者需要具備「滴水穿石」的堅毅精神，「功到自然成」。

第三節　總式樁

基本功在武術訓練中的比重最大。劉鳳春八卦掌的基本功訓練則首推總式樁。其歷來被視為八卦拳的源泉、奧妙之根源。所以總式樁及行步要強化練習，不論是發力、姿勢、周身各部要領，手眼身法步、心神意念等均要集於一身，要求做到正確無誤，周身上下不可有一點鬆懈。正所謂「差之毫釐，失之千里」「一式正確，式式正確，那一式就是此樁功」。

一、總式樁

1. 取立正姿勢，頭要領，項要直，肩要平，胯要正；兩臂自然下垂，五指併攏；目光平視，全身放鬆，虛無含一氣，呼吸自然，心中平平靜靜，無上無下，無我無他，自我控制，不受外界干擾，做到心神安定。此謂靜（圖2－12）。

2. 接上動，兩膝微屈，腿稍下蹲，上體右轉45度；同時，兩臂由體側外旋，掌心向前，掌指向下。目光平視，重心在兩腿之間（圖2－13）。

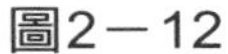
圖2－12

圖2－13

3.上動不停，繼而沉肩墜肘，掌指返向前，掌心向兩側，兩肘緊併。同時，左腳平起向前方邁出（步子大小不拘，開始較小，久之可大），左腳裡扣45度；右腳不動，呈外展45度。兩掌向胸前、口部徐徐擰勁上穿，左手高於右手，左手中指高不過眉低不過嘴，所謂「手不離口，肘不離肋」「手足齊到，日月並行」。上體繼而左轉，同時，左手順左肩方向，掌心向上；右掌掌心亦向上，緊貼左臂，兩掌同時向前、向斜上方擰勁伸出至極處。眼隨手走（圖2－14）。

4.接上動不停，兩臂同時內旋，前手滾橫，後手合抱，前手塌腕前頂，掌指向上，掌外

緣向前，力達掌緣。目視前手虎口。前手中指與髮際齊，後手在前手肘下一拳處，掌指向前，掌心斜向下。此時樁法站定（圖2－15）。

此樁功寓靜中求動，動中有靜，動靜結合，一動無不動，一靜無不靜。

【要領】

(1) 頭項。頭要虛領，項要豎直，下頜微收，謂頭頂百會。

(2) 目光。平視前手虎口，切忌斜視。

(3) 肩肘。沉肩墜肘，並含有合肩、掩肘之意。

(4) 胸背。胸略含，忌挺，拔背，所謂含胸背自張。

圖2－14

圖2－15

(5)腰。腰要直，要挺，要擰，要立。

(6)胯、臀。胯要吸，胯要平，臀要落，收斂會陰要提肛。

(7)腿。剪子腿，前腿似弓不弓，後腿似繃不繃。合膝掩襠，勁合不顯形，身子坐於中。

(8)腳。兩腳抓地，腳心空，謂腳踏湧泉。腳謂根，發於腿，主宰於腰。

(9)前手。沉肩墜肘，肘往裡合勁，手掌五指自然併攏，往裡裹勁，掌外緣朝外，腕子踏勁，力發掌外緣，五指指尖回返勁，用肩催肘、肘催手之勁，謂之抱球肘。腕立成90度，勁不可抽回。

(10)後手。在前手肘下一拳處，掌指向前，拇指一側在上，掌心斜向上。前後手合為一勁，並有合肩攏抱之意。

(11)勁法。螺旋勁，剛柔並蓄，剛而不僵，柔而不散，勁法形體俱是曲中求直。

(12)精神集中，全神貫注，神態自然，心平氣和，嘴唇微閉，舌抵上齶，呼吸以鼻，清入緩出，細而勻長，氣之下行，入於丹田。以意領氣，意守丹田，丹田氣穩，乃自然之勁。意氣合一，能使真氣充沛，以達到健身之目的。

拳諺云：「能要筋長一寸，不要肉厚三分。筋長力大，自然心活。」以形體分析，兩足向下抓地，胯向上吸，足、踝、膝、胯各關節都有拉長之意；同時又含有力法在內，加大了下肢力量的負荷。胯向上吸，肩向下沉，直背立腰，上身有壓縮之感；頭頂、豎項、落臀，又有矛盾統一之力；頭頂百會，腳踏湧泉，又有舒筋之功，這樣能使全身各關節得到曲伸、旋轉等多方面的運動，在增強力量的同時保持靈活性。這樣內外兼修，日久天長，內壯精神，外強肌體，遂能達到強筋骨、健身軀、防衰抗老的作用。

二、變　式

1.左右樁單練

(1) 左式樁站成（圖2－16），欲變換右式樁，可將身體重心後移，兩臂外旋，掌指向前，掌心向上（圖2－17）。同時，前腳腳跟不動，腳尖翹起外展45度。兩臂屈肘抽回，抽至兩肩前，掌心向下，掌指相對。目視前方（圖2－18）。

(2) 接上式，兩掌下按，隨按隨掩肘，按至兩臂垂直於身體兩側，掌指向前，掌心向下，掌根踏勁。同時，右腳跟步成立正姿勢（圖2－19）。

圖2－16

圖2－17

圖2－18

圖2－19

2.左右樁連續練習

(1) 上步變換

以左式樁變右式樁為例。左式樁站成，欲上步變式為右式樁，先將身體重心稍後移，兩臂外旋，掌指向前，掌心均向上。眼視前掌。同時，左腳跟不動，腳尖翹起外展45度。左臂伸直墜肘，右臂掌心向上，向左腋下穿掌，似有右肩鑽向左腋下之意（圖2－20）。

(2) 此動不停，右腳沿左腳內側上步，右腳落地裡扣45度（圖2－21）。同時，右臂沿左臂外側（掌心均向裡）擰勁上穿，轉腰裹胯，轉體90度（圖2－22）；繼而穿至右掌在前，掌心向上，左掌不可抽勁，右掌先橫後立，掌指向上，

圖2－20

圖2－21

圖2－22　　　　圖2－23

掌外緣向前，左掌抱掩，站成右式樁（圖2－23）。

3. 原地變換

(1) 左式樁站定，欲變右式樁，身體重心稍後移，左腳裡扣45度，與右腳扣成八字步。同時，轉腰裹胯，上身轉體180度，此時身體重心落於兩腿。兩掌掌心均向上，右掌向左腋下穿掌，右肩有鑽向左腋下之意。眼看左掌（圖2－24）。

(2) 身體重心繼續向左腿稍移，上身繼續轉體；同時，右腳跟不動，腳尖翹起外展45度，身體重心移至兩腿中間。右掌沿左臂下穿出（兩

掌心均向上)，左掌不可抽勁，右掌先橫後立，掌指向上，掌外緣向前，左掌抱掩站成右式樁（圖2－25）。

此樁功左右變換，交替練習，鍛鍊了起落鑽翻等攻防技法。久之要避走圈變式時前俯、後仰、左歪、右斜之弊。

圖2－24

圖2－25

第三章　技　法

第一節　行　步

「百練不如一走」「走為百練之祖」。八卦掌以走為基礎，尤重腿功，故有「走八卦」之說。其龍蹲虎坐、虎踞龍盤、蹬腿磨脛，後腿催著前腳行，腳要平起平落。太師劉公鳳春曾總結為：「前腳如船，後腿如篙，篙撐船行。」訓練步驟大體分為八種：小步、行步、擺扣步、七星步、撲步、走圓、8字步、九宮步。

1.小　步

小步訓練是八卦掌行步訓練的入門基礎。其目的是鍛鍊腿力，使腿的趟勁力強，加大負荷力。因其步距小，移動僅半腳長，故名小步。

【練法及要求】

全身正直，兩腿呈直立併步姿勢，目光平視。兩腳依次上步時，後腳跟進邁出均不得超過

前腳腳尖。前邁腿和支撐腿都要用力。回返轉身與趟泥步同（圖3－1～圖3－5）。

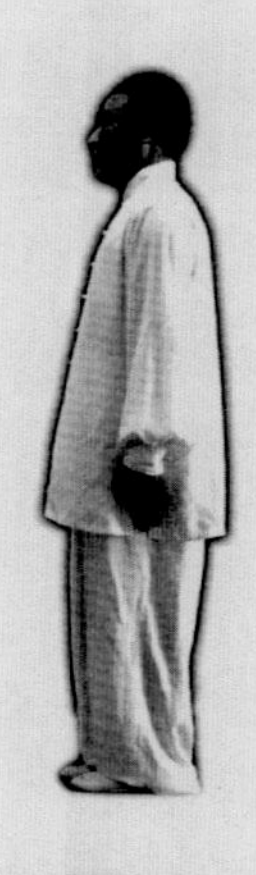

圖3－1

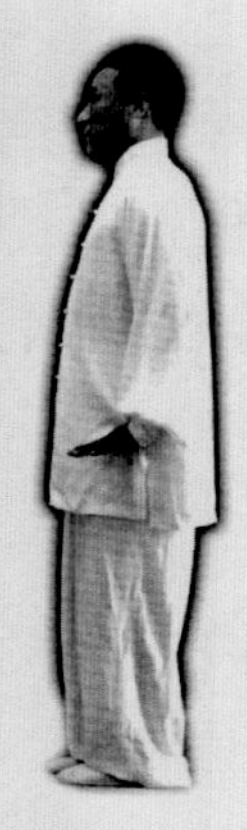

圖3－2

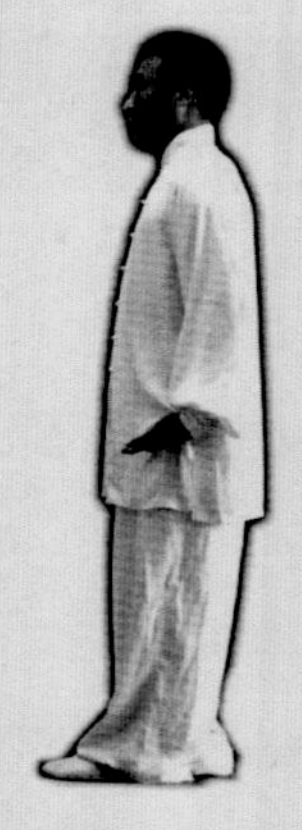

圖3－3

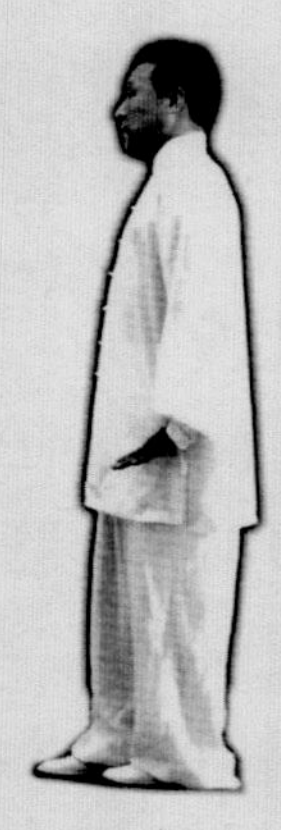

圖3－4

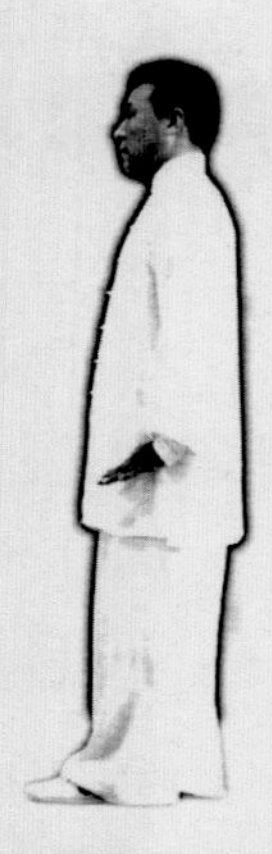

圖3－5

2.行　步

行步，又稱趟泥步。

【練法】

取立正兩掌下按姿勢（圖3－6、圖3－7）。兩腿屈膝下蹲，一足平起，腳弓繃直趟出，平落，足尖稍扣（圖3－8、圖3－9）。前足未落地時，後足蹬地；前足落地的同時，後足提起，沿前足內側扣步邁出（圖3－10～圖3－14）；亦是未落地時，後腳蹬勁，沿前腳內側邁出。目光平視前方。

行至盡處，意想回返時，鍛鍊抽身換影之式。如左腳前落穩，右腳提起轉身擺步；當右腳落地的同時，左腳立即蹬地提起，沿右腳內側邁

圖3－6

圖3－7

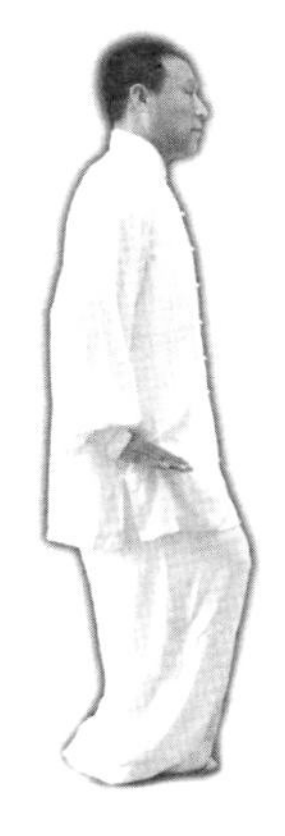

圖3－8

出。繼而行走如前，往返練習。

此為直趟趟泥步，步多步少不拘。

圖3－9

圖3－10

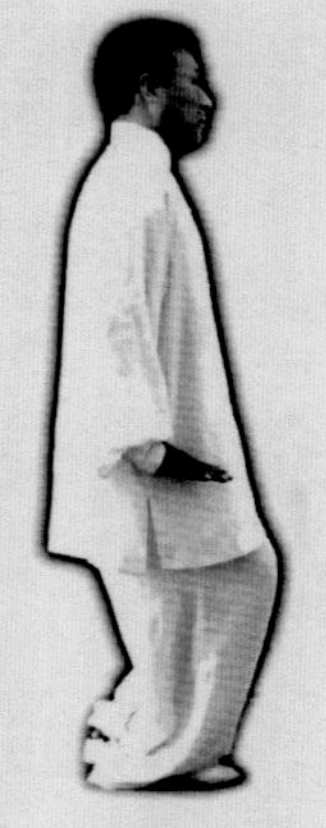

圖3－11

圖3－12

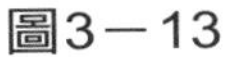

圖3－13

圖3－14

【要點】

行進時，要求上身放鬆，提肛溜臀，呼吸順暢，氣沉丹田，兩足須平起平落；不得上下起伏、前俯後仰、左右搖晃、掀蹄亮掌。落地時要五趾抓地，平起平落，虛實分明。轉體時忌聳肩、縮脖。

3. 擺扣步

【練法】

起勢與行步相同。保持重心不變，擰腰轉體，同時，左腳成扣步，兩腳成八字，合膝掩襠。目光平視。

重心移至左足，擰腰轉體擺右步後，重心

居中，偏於左腿，襠要撐圓，提肛溜臀。目光前視。

蹬左腿，重心前移至右腳的同時，出左步向前趟出。

4. 七星步

七星步，又名之字步，因其步型酷似北斗而得名（圖3－15）。

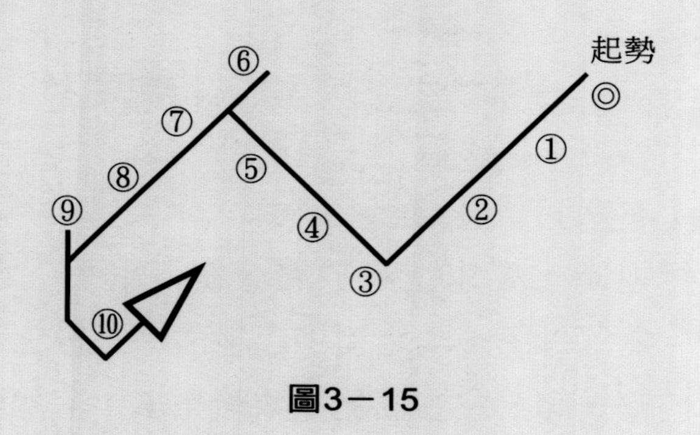

圖3－15

【練法】

行步與扣步綜合訓練。沿路線圖，以行步向前上左步，上右步，轉身扣左步；上右步，上左步，轉身扣右步。循環往復練習。

5. 撲　步

【練法】

一腿全蹲，大小腿貼緊，足尖稍外展，另一

腿邁出仆平，全蹲腿蹬勁，支撐身體重心前移，壓著仆平腿；然後全蹲腿抬起，沿先仆平腿的內側邁出，再使仆平腿全蹲，繼而行走。

回返時，身體重心前移至仆平腿，使仆平腿全蹲。全蹲腿仆平，上身轉體180度，然後全蹲腿蹬勁往回走。如此往返練習（圖3－16～圖3－21）。

圖3－16

圖3－17

圖3－18

圖3－19

圖3－20　　圖3－21

6. 圈行步

【練法】

圖3－22

圈行步是在直線泥步的基礎上，練習走轉行圓。整個圓圈大小、步多步少不拘，保持樁功要領，唯兩臂下垂於體側，眼向圈中，外腳微扣，裡腳直邁（圖3－22），左右轉換，斜身繞步。抽身換式與趟泥步同。

7. 8字步

8字步，是在趟泥步、擺扣步、圈行步的基礎上提高訓練的一種有效訓練步法（圖3－23）。

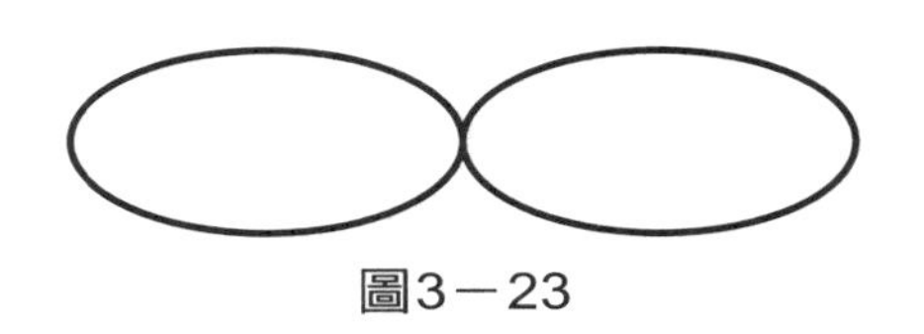

圖3－23

【練法】

取屈腿趟泥之勢，沿著S形路線，週而復始進行練習。其步距大小應適中。初習時以中速較為適宜。呼吸以自然平和、氣沉丹田為準則。目視前方。

8.九宮步

九宮步，為八卦掌步法訓練中的重要環節。

【練法】

初習時，可循「九宮」線路繞走；熟練後，可自由變換，任意穿插。行步要敏捷快速，突出八卦掌「以走為用」的特色。其掌隨身變，身隨步換；周身圓活，協調一致；呼吸自然，氣沉丹田。

【要點】

忌以跑代走、氣喘步亂等。

第二節　轉　掌

轉掌，為八卦掌的重要基礎。練習方法包括

按掌和推磨掌。

一、按　掌

1. 沿圈站立，頭正頸直，微收下頦，有上頂之意，嘴微閉，舌抵上齶，用鼻呼吸；空胸拔背，雙肩雙臂放鬆，掌指在體側自然下垂；雙足並立；精神貫注，二目向前平視（圖3－24）。

2. 重心下沉，兩膝微屈。雙掌成踏掌於體側，掌心向下，指尖向前。目光平視（圖3－25）。

3. 上體左轉，雙掌不變。重心移至右腿，腳趾抓地，左足抬起，貼於右腳踝內側。自然呼吸，氣沉丹田，二目向圓心平視（圖3－26）。

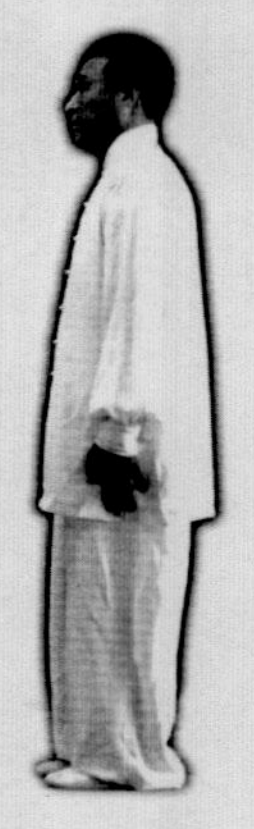

圖3－24

圖3－25

圖3－26

4. 左腳向前趟出後，左足五趾抓地；同時，蹬右腿，右足貼左足內踝骨沿圈線前行一步，足尖微裡扣，五趾抓地落下，兩足交替沿圈行進。兩掌不變，練雙掌的下按之力。自然呼吸，氣沉丹田，二目向圓心平視（圖3－27～圖3－30）。

5. 轉身換式時，右足向左足前扣步，重心移至右腿，身體左轉，左足向圈上直上一步。自然呼吸，氣沉丹田，二目平視。

二、推磨掌

1. 取正身站立，左肩對圓心（圖3－31）。

2. 身體屈膝下蹲，沉肩墜肘，兩掌下踏。

圖3－27

圖3－28

不停，上身向右擰轉，雙手臂外旋，掌心朝前（圖3－32、圖3－33）。

3. 左腳沿圓周向前上步邁出，上身繼續右轉，面向圈外。同時，雙手繼續外旋，擰翻成掌

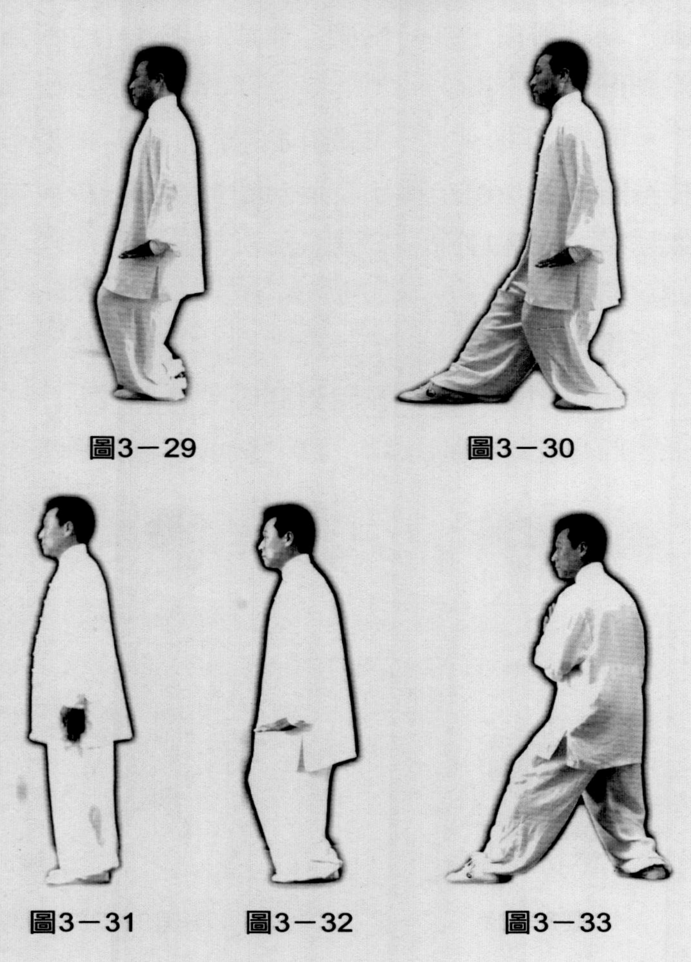

圖3－29　圖3－30

圖3－31　圖3－32　圖3－33

心朝外、掌指向上、掌背相貼姿勢，停於胸前。

4. 上身左轉正對圓心。同時，雙手左高右低，沉肩墜肘，隨身擰轉上穿至口。

5. 雙手左前右後，小魚際朝上，五指朝前，擰勁前穿，穿到極處，雙臂內旋，左手小魚際朝前，腕下沉、前頂，掌指向上回勾，與髮際齊，成側立掌；右手下落至左肘下，掌指朝前，手心斜向左下，與左肘相抱。至此，目視左手，面向圓心。兩腿依圓走轉，成轉掌式（圖3－34、圖3－35）。

每圈走八步，以走十圈後換掌為宜（也可以自己規定圈數），然後右走相同圈數；再左走，唯方向相反，動作換成左勢，此掌才算完畢。

圖3－34

圖3－35

【要領】

(1) 正確掌握每個動作的姿勢。

(2) 逐步達到擰腰90度，即走圈時，在裡足直邁的行走中，胸口（膻中穴）和頭的口、鼻一齊擰著正對圈心。

(3) 學會每掌的使用。

(4) 以意領力，練出每掌的勁力。

(5) 以意領氣，氣沉丹田。

(6) 以中盤、下盤中速或慢速練習，增長功力。

第三節　八大掌

總式樁打下「站」的基礎，行步練就了「走」的基礎，轉掌式完成「轉」的基礎，即可以開始八大掌的習練。

八大掌是八卦掌的核心技法，「貴在精而不在多」。昔日劉鳳春先生，一個單換掌就練了三年，得其大成，未逢敵手。

本書介紹的八大掌，傳自於劉鳳春之子劉文華先生，其技法簡潔，風格古樸，至今保持著原始風貌。

一、單換掌

1. 正身站立，懸頭豎項，右肩對圓心。目光平視（圖3－36）。

2. 身體屈膝下蹲，沉肩墜肘。隨即上身向左擰轉，雙手臂外旋，掌心朝前。然後左腳沿圓周向前邁出。同時，雙手沿體中線繼續外旋，擰翻成掌心朝外、掌指向上、掌背相貼，停於胸前。目視前方（圖3－37）。

3. 上身左轉對圓心。同時，雙手左高右低，沉肩墜肘，隨身擰轉上穿至口，雙手左前右後，小魚際朝上，五指朝前，擰勁前穿。目視左掌（圖3－38）。

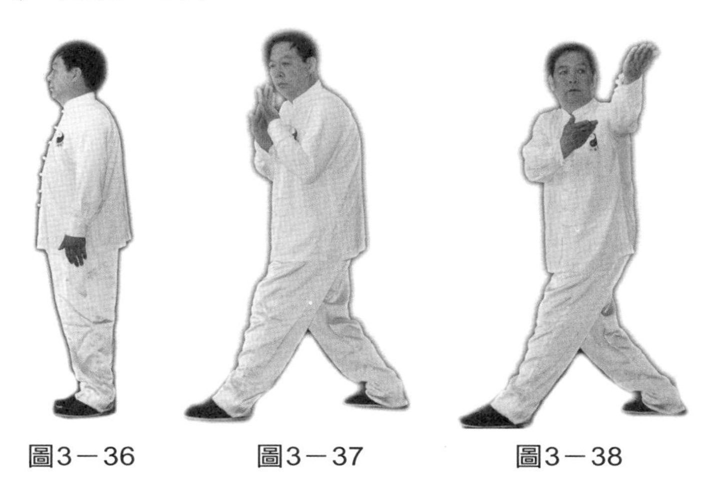

圖3－36　圖3－37　圖3－38

4. 穿至極處，雙臂內旋，左手小魚際朝前，腕下沉、前頂，掌指向上回勾，成側立掌，高與眉齊；右手下落至左肘下，掌指朝前，手心斜向左下，與左肘相抱。至此，目視左手，面向圓心。保持上身姿勢不變，上右步右腳裡扣，遵循裡腳直、外腳扣的原則，依圓走轉，成轉掌式（圖3－39）。

5. 當走至右腳在前時，重心前移至右腳，左腳隨轉身向後成擺步，腳尖向前，落在圓周上。同時，兩臂內旋，雙手翻轉成手心向上，左手仍指向圓心，右手隨上身左轉向左腋下穿出。仍目視左手（圖3－40～圖3－42）。

圖3－39

圖3－40

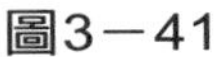

圖3－41

圖3－42

6. 重心前移至左腿，上右腳，上身繼續左轉，面向圈外。右掌掌心向上，沿左臂下向體右側穿出，左壓右穿，隨上身右轉擰向圓心，成右前左後，手心向上，指向圓心。然後，雙臂內旋，右手成側立掌，掌指向上，小魚際朝前，手腕沉勁前頂；左手落於右肘下，掌指向圓心，掌心斜向右下，與右肘相抱。至此，單換掌完成，開始向右走轉行圓（圖3－43）。

圖3－43

單換掌右勢與左勢相同，唯方向相反（圖3－44～圖3－47）。

圖3－44

圖3－45

圖3－46

圖3－47

二、順勢掌

1. 鷂子鑽天

轉掌式行進至右腿在前時停住，重心在左腳（圖3－48、圖3－49）。左腳向右腳前扣步，落地後，腿蹬直，重心即移至左腳。同時，左臂掌外旋伸直，由腰帶動向上內旋，挺舉成直掌，掌指向上，小魚際向右肩方向。眼看左手。右手不動。此時，面向圈外，兩腳扣成丁字步。兩肘相抱，兩肩相合（圖3－50～圖3－52）。

2. 白蛇伏草

右腿向左腳後仆平，右腳落在圓周上；左腿全蹲，左臀與小腿相貼。同時，左掌向仆平腿

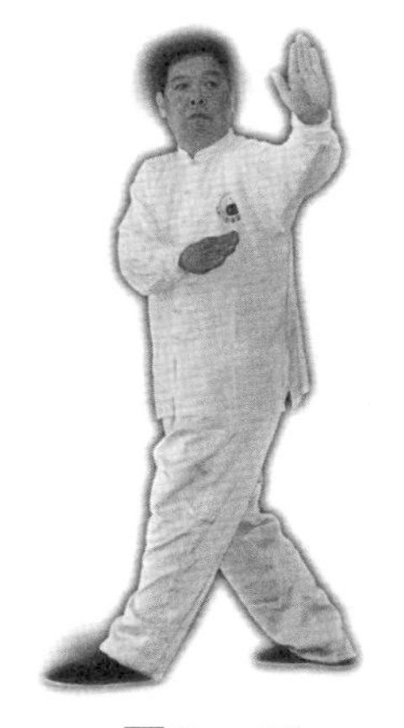

圖3－48

圖3－49

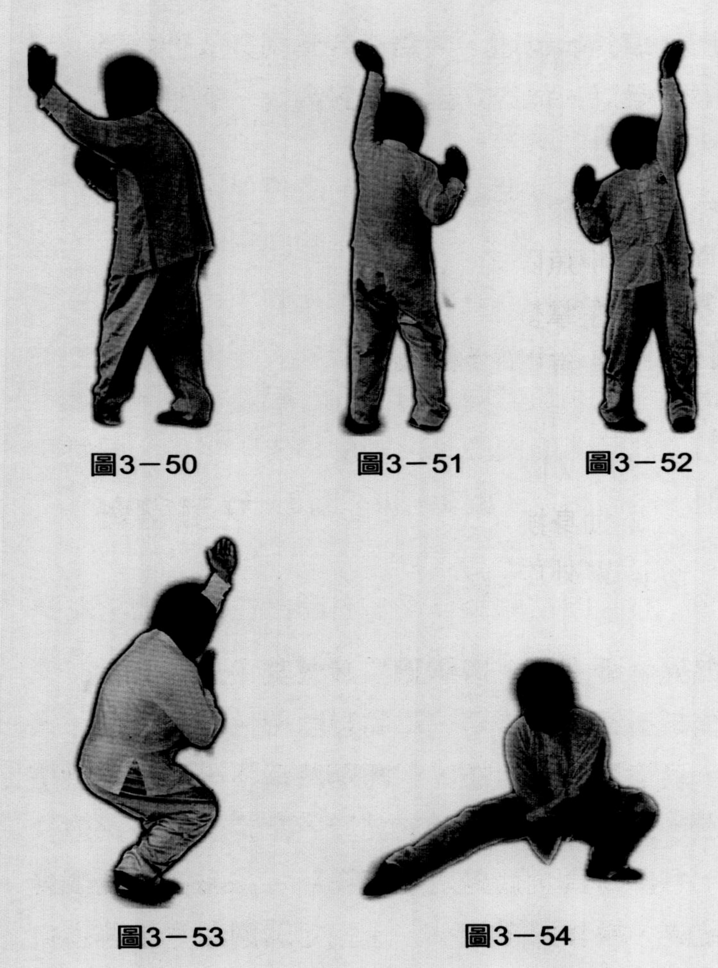

圖3－50　圖3－51　圖3－52

圖3－53　圖3－54

（右）方向下劈，右手不動（圖3－53、圖3－54）。

左腳蹬勁，重心前移至兩腿正中，兩膝相

合，身體下坐。同時，右掌由左後沿右腿方向向上直臂撩起，略高於肩，指尖朝前，小魚際向上；同時，左掌變勾，勾尖向上，直臂向後撩起，身體面向右腿方向，兩肩要合，身體要正。目視右手（圖3－55）。

圖3－55

3. 抽身換式

右臂外旋，成掌指向前，小魚際朝上；後手翻轉變掌，掌指朝前，掌心向上，停於左胯旁，肘向後撐勁（圖3－56）。

圖3－56

圖3－57

重心前移。同時，身體右轉，左掌沉肩墜肘向右腋方向穿出。目視右掌（圖3－57）。

上左步的同時，左手臂內側與右手臂外側相貼，右壓左抬，隨上身左轉向圓心，成左前右後，手心向上，指向圓心，然後，雙臂內旋，左手成側立掌，掌指向上，小魚際朝前，手腕沉勁前頂；右手落於左肘下，掌心斜向左下，與左肘相抱。至此，順勢掌完成（圖3－58、圖3－59）。

順勢掌右勢與左勢相同，唯方向相反（圖3－60～圖3－70）。

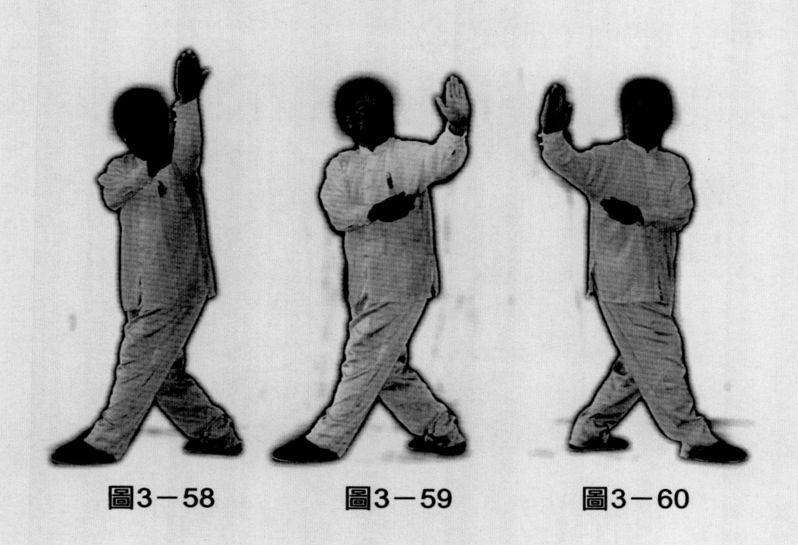

圖3－58　圖3－59　圖3－60

圖3－61　圖3－62　圖3－63

圖3－64　圖3－65

圖3－66　圖3－67

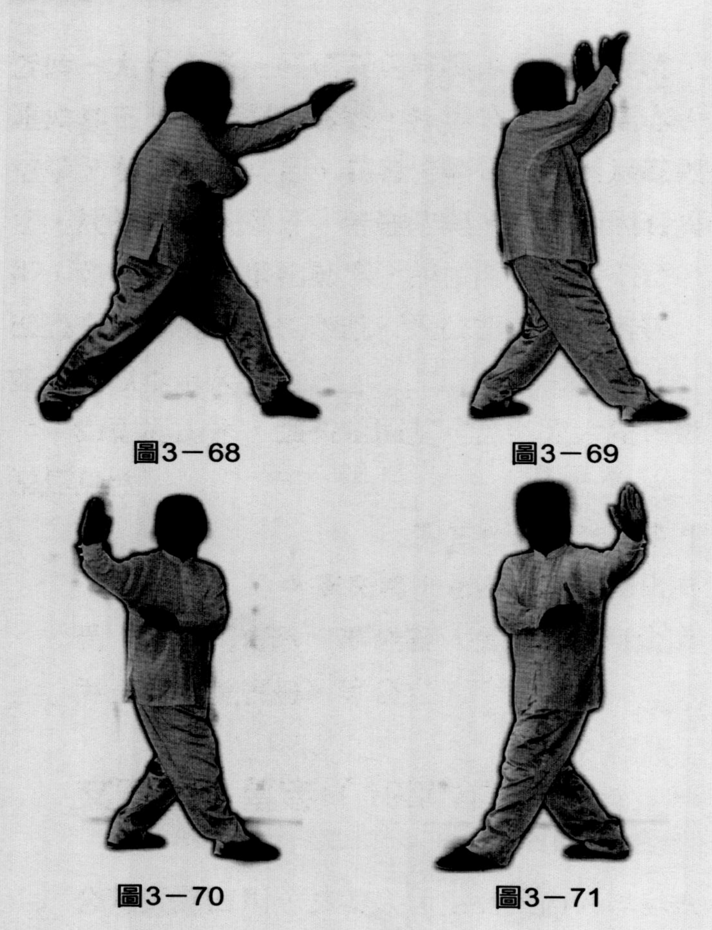
圖3－68　圖3－69

圖3－70　圖3－71

三、雙換掌

1.鷂子鑽天

左轉掌式行進至右腳在前時，扣步停住，上身不動。目視左掌（圖3－71、圖3－72）。

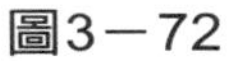

圖3－72

圖3－73

重心移向右腿，左腳向後擺，成腳尖向後落在圓周上。同時，上身左轉，雙手翻轉成手心向上，變成直掌，右手停在左腋下（圖3－73）。

圖3－74

重心前移至左腳，右腳向左腳前扣步。上身隨扣步左轉，右掌沿左臂向上擰裹上穿（圖3－74）。

左腿蹬直。右手貼左臂擰裹勁上穿，成小魚際向內，掌指向上；左肘下沉，左手外翻（滾

橫）抽落於左肩旁，直掌，指尖向上，手心向前。面向圈外（圖3－75、圖3－76）。

2.白蛇伏草

右腿微屈，身體下沉，左腿提膝抬起。同時，左肩裡合，左肘裡掩下沉，成左手直掌，掌指向上，掌心朝胸（藏身）（圖3－77）。

左腿向右腳後仆平，左腳落在圓周上，右腿全蹲。右掌向仆平腿（左）方向下劈，左掌反方向助劈，兩臂在胸前交叉（圖3－78）。

右腳蹬勁，重心前移至兩腿正中，身體下坐。同時，左掌由右後沿左腿方向向上直臂撩起，略高於肩，指尖朝前，小魚際向上；同時，右掌變勾，勾尖向上，直臂向後上撩起，身體面

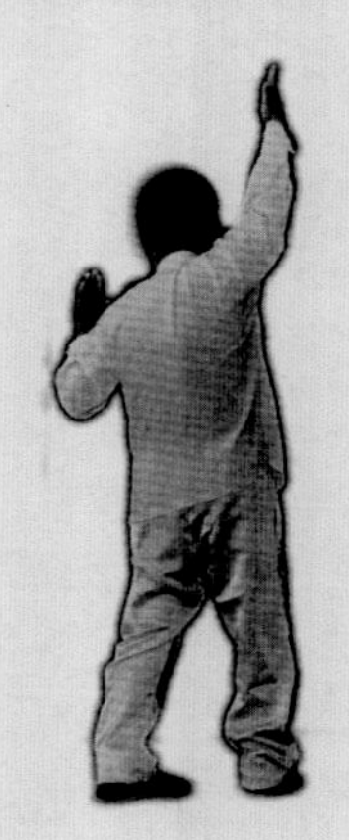

圖3－75

圖3－76

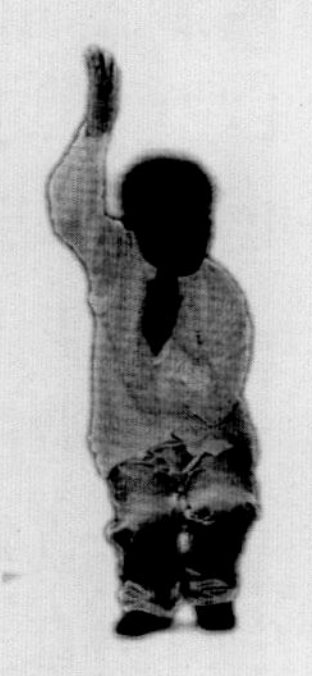

圖3－77

向左腳方向，雙肩要合。目視左手（圖3－79）。

3. 抽身換式

左臂外旋，成直掌，掌指向前，小魚際朝上；右手翻轉變掌，掌指朝前，掌心向上，停於右胯旁，肘向後撐勁（圖3－80）。

重心前移。同時，身體左轉，右掌沉肩墜肘向左腋方向穿出，面向圈外（圖3－81）。

圖3－78 圖3－79 圖3－80 圖3－81

右腳向左腳前上步，右手臂內側與左手臂外側相貼，左壓右抬，隨上身右轉擺向圓心，成右前左後，手心向上，指向圓心；然後，兩臂內旋，右手成側立掌，掌指向上，小魚際朝前，手腕沉勁前頂；左手落於右肘下，掌心斜向左下，與右肘相抱。至此，雙換掌完成（圖3－82、圖3－83）。

圖3－82

圖3－83

圖3－84

雙換掌右勢與左勢相同，唯方向相反（圖3－84～圖3－95）。

圖3－85　　圖3－86　　圖3－87

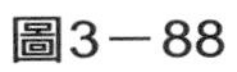

圖3－88　　圖3－89　　圖3－90

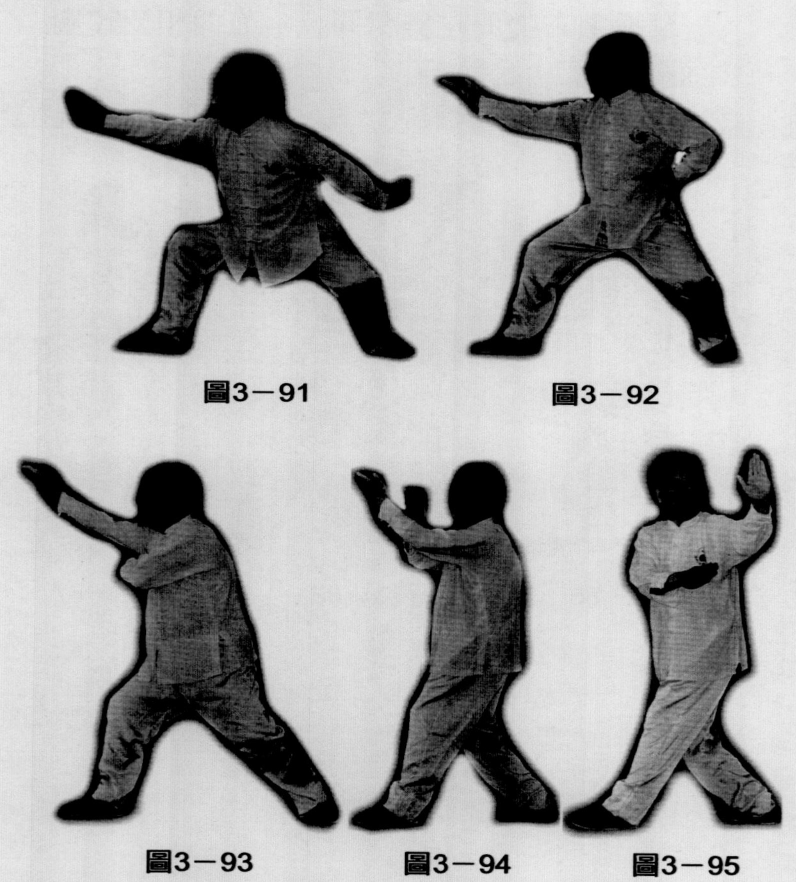

圖3－91 圖3－92

圖3－93 圖3－94 圖3－95

四、進步掌

1. 鷂子鑽天

右轉掌式行進至左腳在前時扣步，上身不變（圖3－96、圖3－97）。

重心移向左腳，轉身右腳向後擺，成腳尖向後落在圓周上。同時，上身左轉，雙手翻轉成手心向上，變成直掌，左手停在右肘下（圖3－98）。

圖3－96

不停，重心前移，左腳向右腳前扣步。上身隨扣步右轉，雙手不變。左腿蹬直。左手貼右小臂擰旋勁上穿，成小魚際向內，掌指向上；右肘下沉，右手外翻（滾橫）抽落於右肩旁，直掌，指尖向上，手心向前，面向圈外（圖3－99、圖

圖3－97　　圖3－98　　圖3－99

3－100）。

2.白蛇伏草

不停，左腿微屈，身體下沉，右腿提膝抬起。同時，右肩裡合，右肘裡掩下沉，成右手直掌，指尖向上，掌心朝胸（藏身）（圖3－101）。

右腿向左腿後仆平，右腳落在圓周上，左腿全蹲。同時，左掌向仆平腿（右）方向下劈，右掌反方向助劈，兩臂胸前交叉（圖3－102）。

左腿蹬勁，重心前移至兩腿正中，身體下坐。同時，右掌由左後沿左腿方向向上直臂撩起，略高於肩，指尖朝前，小魚際向上；同時，左掌變勾，勾尖向上，直臂向後上撩起，身體面向右腳方向，兩肩要合。目視左手（圖3－

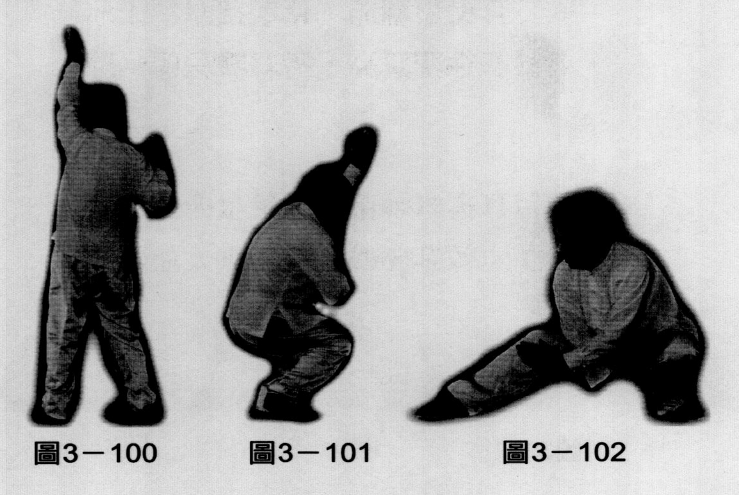

圖3－100　圖3－101　圖3－102

103）。

圖3－103

3.進步挑掌

重心後移至左腿。右手收回橫置腹前，手心向上，掌指向左；同時，左手收回停於右肋旁。目視前方（圖3－104）。

身體重心前移至右腳，左腳隨之跟步至右腳旁。同時，右臂內旋直掌上架於頭上方，小魚際向上，掌指向左；左手側立掌前推，掌心向右，小魚際朝前，掌指向上，高與眼齊（圖3－105）。

圖3－104

圖3－105

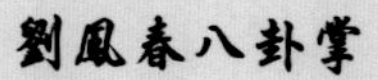

圖3－106

4.抽身換式

左腳向右腳前上步。同時，左手下落迴旋，向右腋後穿出，手心向上，手指朝後；同時，右手直掌臂外旋至手心向上，掌指朝前。眼隨右手（圖3－106、圖3－107）。

左手臂內側與右小臂外側相貼，右壓左抬，隨上身左轉擺向圓心。然後，兩臂內旋，左手成側立掌，掌指向上，小魚際朝前，手腕沉勁前頂；右手落於左肘下，掌指向圓心，掌心斜向右下，與

圖3－107

圖3－108

左肘相抱。至此，進步掌完成，開始向左走轉行圓（圖3－108、圖3－109）。

進步掌右勢與左勢相同，唯方向相反（圖3－110～圖3－122）。

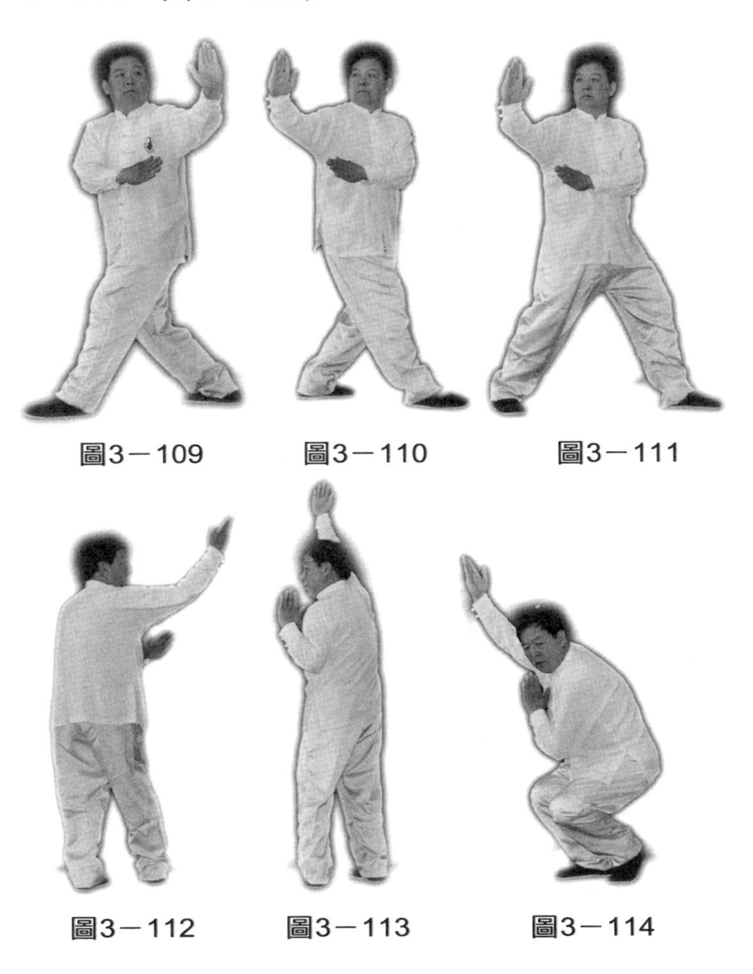

圖3－109　圖3－110　圖3－111

圖3－112　圖3－113　圖3－114

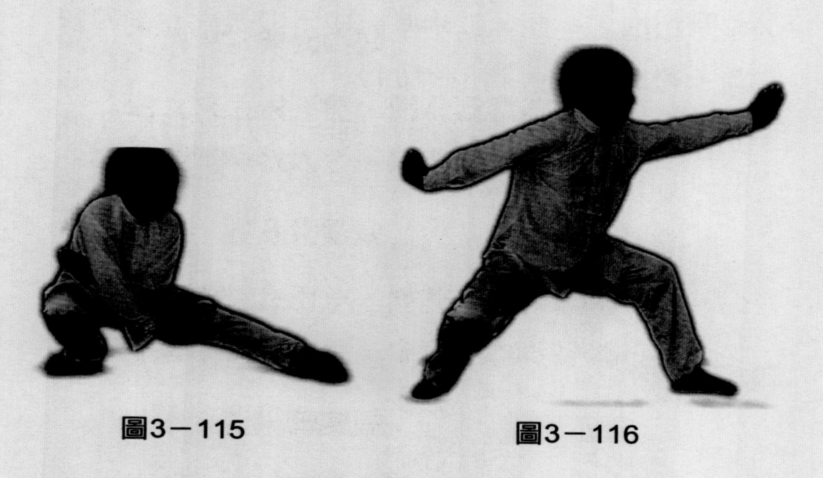

圖3－115　圖3－116

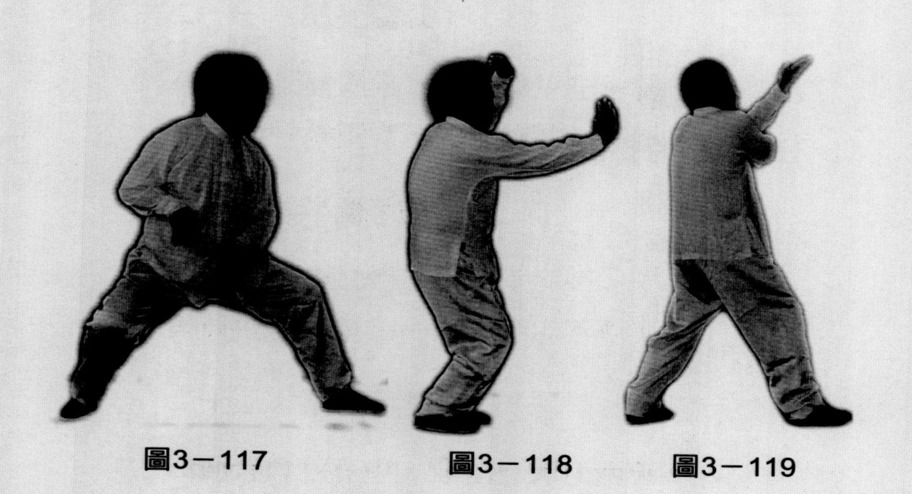

圖3－117　圖3－118　圖3－119

圖3－120　　圖3－121　　圖3－122

五、轉身掌

1. 截　腿

左轉樁功姿勢，走至右腳在前時扣步，上身不變（圖3－123、圖3－124）。

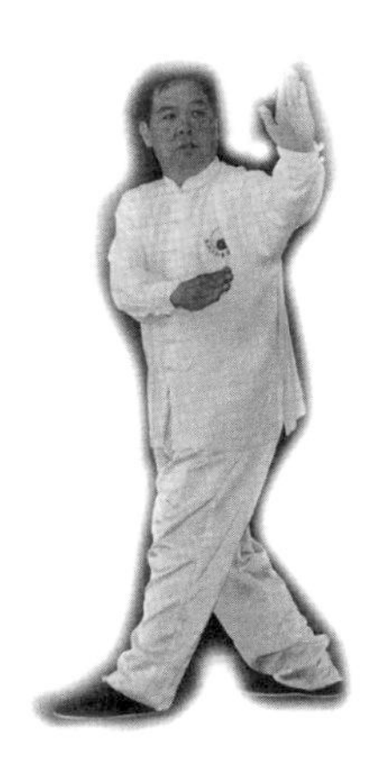

圖3－123

重心移向右腳，右腿彎曲，身體下坐；左腳大步大角度後擺（與右腳平行，腳尖相反），落在圓周上，身體重心移至兩腿正中下坐。同時，雙手翻轉成手心向

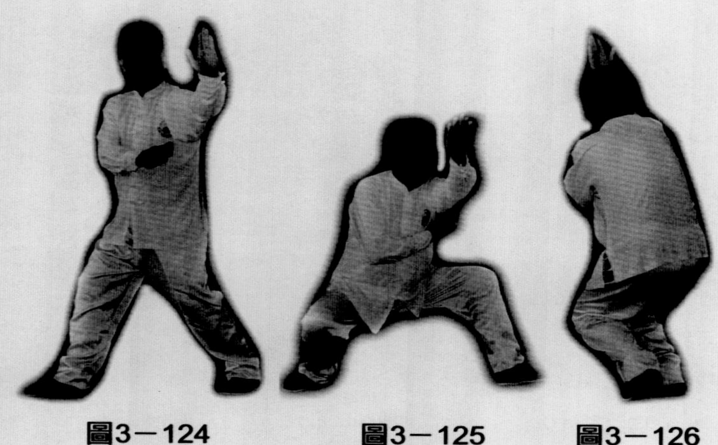

圖3－124　圖3－125　圖3－126

上，變成直掌，左手仍指向圓心，右手隨上身左轉伸向左腋下。目視左手（圖3－125）。

2.鷂子鑽天

身體高度不變，重心移至左腿，右腳向左腳前扣步。同時，身體左轉，面向圈外，右手直掌上穿，左肘下沉，左手外翻（滾橫）抽落於左肩旁，直掌，指尖朝上，手心向前（圖3－126、圖3－127）。

3.白蛇伏草

左腿向右腳後仆平，左腳落在圓周上，右腿全蹲。同時，右掌向仆平腿（左）方向下劈，左掌反方向助劈，兩臂胸前交叉（圖3－128）。

圖3－127

圖3－128

右腳蹬勁，重心前移至兩腿正中，身體下坐。同時，左掌由右後沿左腿方向向上直臂撩起，略高於肩，指尖朝前，小魚際向上；同時，右掌變勾，勾尖向上，直臂向後上撩起；身體面向左腿方向，兩肩要合。目視左手（圖3－129）。

圖3－129

4.抽身換式

左臂外旋成直掌，掌指向前，小魚際朝上；右手翻轉變掌，掌指朝前，掌心向上，停於右胯旁，肘向後撐勁（圖3－130）。

重心前移，同時，身體左轉，右掌向左腋下穿出（圖3－131）。

上右步的同時，右手臂內側與左手臂相貼，左壓右抬，隨上身右轉擺向圓心，成右前左後，手心向上，掌向圓心。然後，兩臂內旋，右手成側手掌，掌指向上，小魚際朝前，手腕沉勁前頂；左手落於右肘下，掌心斜向右下，與右肘相抱，轉身掌完成（圖3－132、圖3－133）。

圖3－130　圖3－131

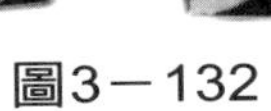

圖3－132

圖3－133

轉身掌右勢與左勢相同，唯方向相反（圖3－134～圖3－143）。

圖3－134

圖3－135

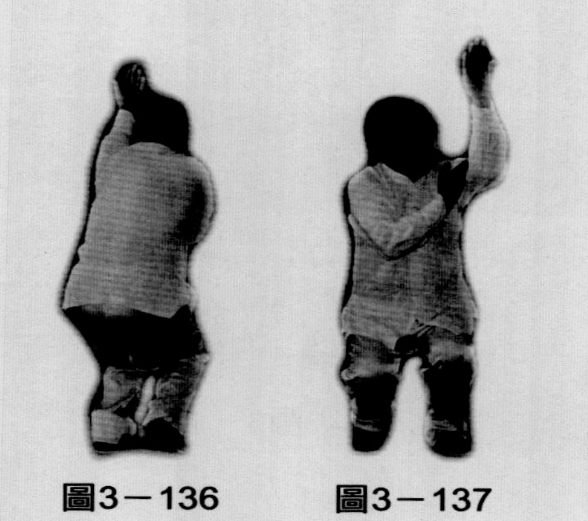

圖3－136　圖3－137　圖3－138

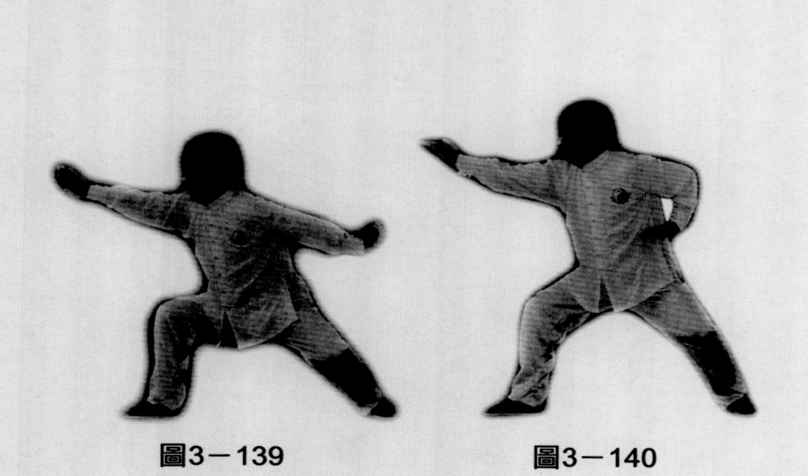

圖3－139　圖3－140

圖3－141　圖3－142

圖3－143　圖3－144　圖3－145

六、搖身掌

1. 鷂子鑽天

左轉樁功姿勢，走至右腳在前時扣步。目視左掌（圖3－144、圖3－145）。

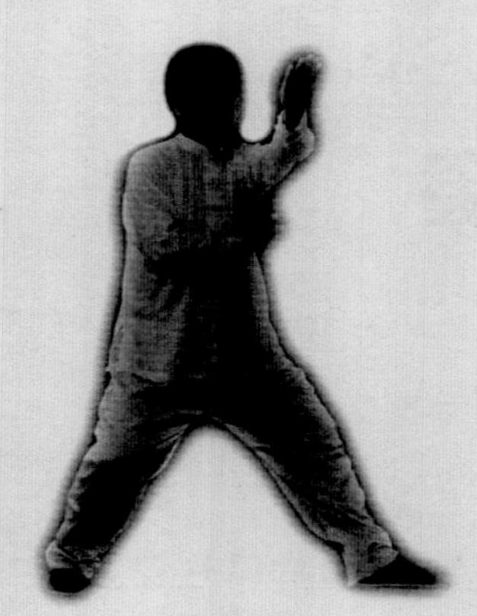
圖3－146

重心移至右腳，左腳向後擺，成腳尖向後落在圓周上。同時，上身左轉，雙手翻轉成手心向上，變成直掌，右手停在左肘下（圖3－146）。

重心左移，右腳向左腳前扣步，上身隨扣步左轉，面向圈外。同時，右手貼左小臂擰旋上穿，左掌手心與臉相對，掌指向上（圖3－147、圖3－148）。

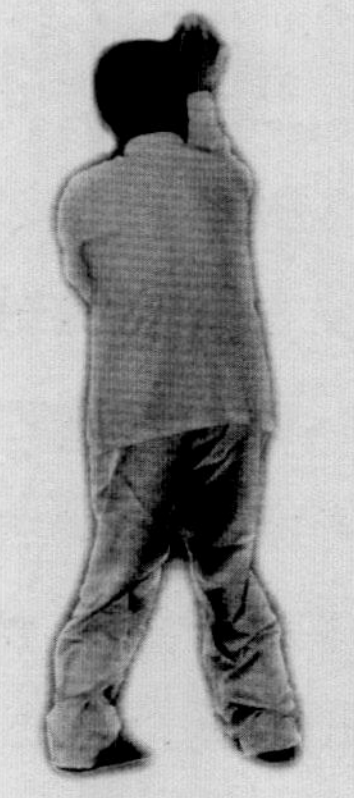
圖3－147

圖3－148

2. 雙　踢

重心移至右腳，身體左轉，左腳向右腳後一步，落在圓周上，身體坐中，成半馬步，面向圓心。同時，兩掌從體前外翻下落，向兩胯旁分掌，撐肘下按（圖3－149）。

圖3－149

3. 抽身換式

雙掌踏住勁。右腿蹬勁，重心左移，腰身稍微左轉。右肩沉勁內合，雙掌撐勁外翻成手心向上，右掌向左腋後伸出。目視左掌（圖3－150、圖3－151）。

右腳向左腳前上步。右手臂內側與左手臂外側相貼，左壓右抬，隨上身右轉擺向圓心，成右前左後，手心向上，指向圓心。然後，雙臂內

旋，右手成側立掌，掌指向上，小魚際朝前，手腕沉勁前頂；左手落於右肘下，掌指向圓心，掌心斜向右下，與右肘相抱。至此，搖身掌完成，開始向右走轉行圓（圖3－152、圖3－153）。

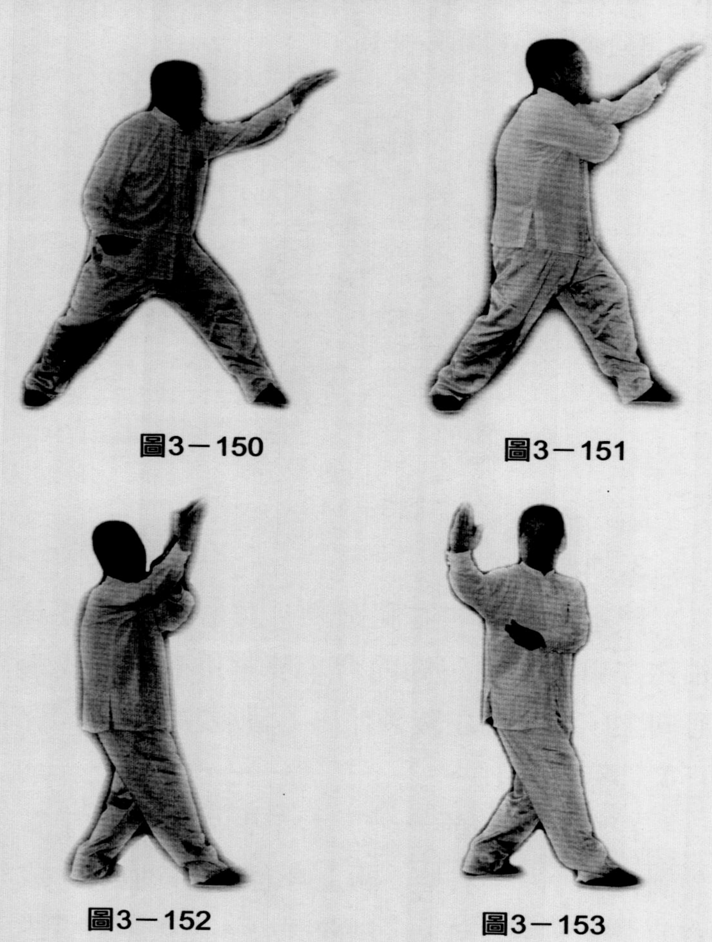

圖3－150　圖3－151

圖3－152　圖3－153

搖身掌右勢與左勢相同，唯方向相反（圖3－154～圖3－163）。

圖3－154

圖3－155

圖3－156

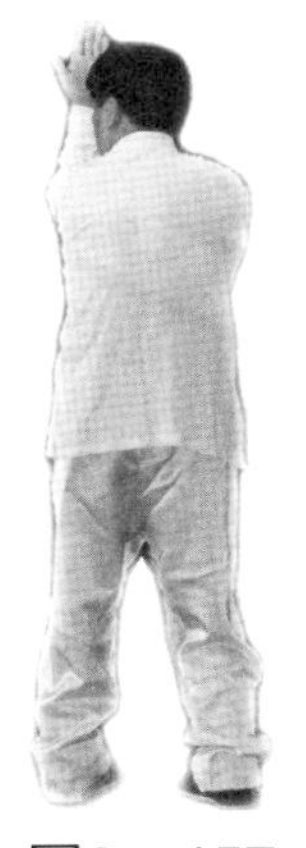
圖3－157

圖3－158

圖3－159

圖3－160

圖3－161

圖3－162

圖3－163

七、磨身掌

1. 平穿雲磨

右轉樁功姿勢，走至左腳在前時扣步。目視右掌（圖3－164、圖3－165）。

重心移向左腳，轉身右腳向後擺，成腳尖向後落在圓周上。同時，上身右轉，左掌沿右臂向圓心穿出，掌心向上；右手翻轉成手心向下，附於左肘下（圖3－166）。

身體重心移至右腳，轉身擰腰，左腳向右腳前扣步。同時，左掌以腕為軸，掌心向上向外旋轉半周（雲），至指尖朝口，身手以腰為軸後仰左旋隨之，右手附於下頜處（圖3－167）。

圖3－164

圖3－165

圖3－166

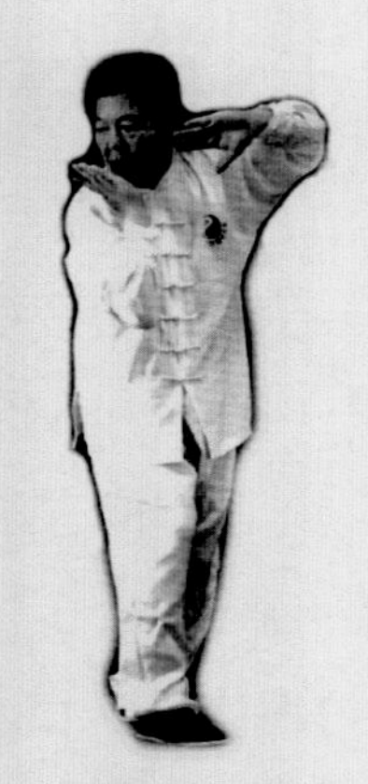

圖3－167

2. 白蛇伏草

右腿向左腳後仆平，右腳落在圓周上，左腿全蹲。同時，右掌以腕為軸，掌心向上向外旋轉半周（雲），隨身體右轉下伏停於右肩外，指尖向背後；同時，左手翻轉在體前，身體面向右腳方向（圖3－168）。

3. 獨立踢撞

重心前移，右腳蹬地，身體挺起。同時，右手掌心向上，以小魚際向前上方撞擊；左手向左胯後按踏，以襯右手之勁。同時，左腳貼胸而起，向右手方向掏勁上踢（圖3－169、圖3－170）。

4. 抽身換式

左腳向右腳前上步落地。右手直伸，掌指朝前，掌心向上；左手隨身體右轉，伸向右腋下。目視右手（圖3－171）。

圖3－168　圖3－169

圖3－170　圖3－171

左手臂內側與右手臂外側相貼，右壓左抬，隨上身左轉擺向圓心，成左前右後，手心向上，指向圓心。然後，雙臂內旋，左手成側立掌，掌指向上，小魚際朝前，手腕沉勁前頂；右手落於左肘下，掌指向圓心，掌心斜向左下，與左肘相抱。至此，磨身掌完成，開始向左走轉行圓（圖3－172、圖3－173）。

從手法上看，此掌包括一橫、一穿、一個正圈雲、一踏、一個半圈雲、一撞、一踢，需兩手配合、手腳配合、身手配合，習者應仔細研究，方能領會其中的奧秘。從身法上看，此掌名為磨身掌，顧名思義，在身法上要上動下定的磨勁，手如雲，身如磨，左旋右轉定中動。

圖3－172

圖3－173

磨身掌右勢與左勢相同，唯方向相反（圖3－174～圖3－183）。

圖3－174　圖3－175　圖3－176

圖3－177　圖3－178　圖3－179

圖3－180

圖3－181

圖3－182

圖3－183

八、背回捶

背回捶是八大掌中唯一使用拳的式子。其特

點是透過腳步的扣擺，身體的旋轉，帶動拳頭橫擊對方；勁力是因身體的旋轉而產生掄勁，是以身帶臂、上下齊到、力發脊背的整勁。此式腳下一扣一擺，身體慣性旋轉，步法靈活，不能拖泥帶水。

1. 白蛇纏身

右轉樁功姿勢，走至左腳在前時扣步。目視右掌（圖3－184、圖3－185）。

重心移至左腳，右腳向後擺，成腳尖向後落在圓周上；同時，身體右轉，右掌掌心向上，掌指朝前伸出。左掌掌心向上，向右腋下穿掌（圖3－186、圖3－187）。

右掌不動。右轉擰身，左腳向右腳前扣步。左掌順勢向右腋下平穿。眼看右掌（圖3－

圖3－184

圖3－185

188）。

2. 背回捶打

身體重心移至左腿，右腳向左腳後撤步，落在圓圈上。雙掌變拳（圖3－189）。

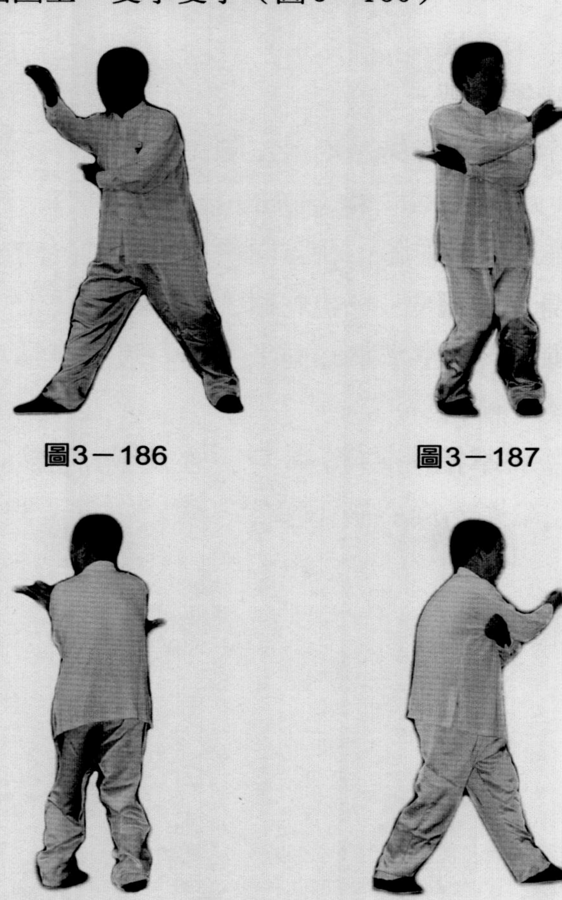

圖3－186　圖3－187

圖3－188　圖3－189

身體擰腰右轉，重心移至右腳，左腳隨體移動，腳尖點地，支於右腳內側。同時，雙拳右上左下，變拳眼向上，順勢挺腰滾勁向背後橫擊（圖3－190）。

3.抽身換式

身體右轉，左腳向右腳前上步。雙手翻轉成手心向上，變成直掌，左手隨上身右轉向右腋下穿掌。目視右手（圖3－191）。

左手臂內側與右手臂外側相貼，右壓左抬，隨上身左轉擺向圓心，成左前右後，手心向上，指向圓心。然後，雙臂內旋，左手成側立掌，掌指向上，小魚際朝前，手腕沉勁前頂；右手落於左肘下，掌指向圓心，掌心斜向左下，與左肘相

圖3－190

圖3－191

抱。至此，背回捶完成，開始向左走轉行圓（圖3－192、圖3－193）。

背回捶右勢與左勢相同，唯方向相反（圖3－194～圖3－202）。

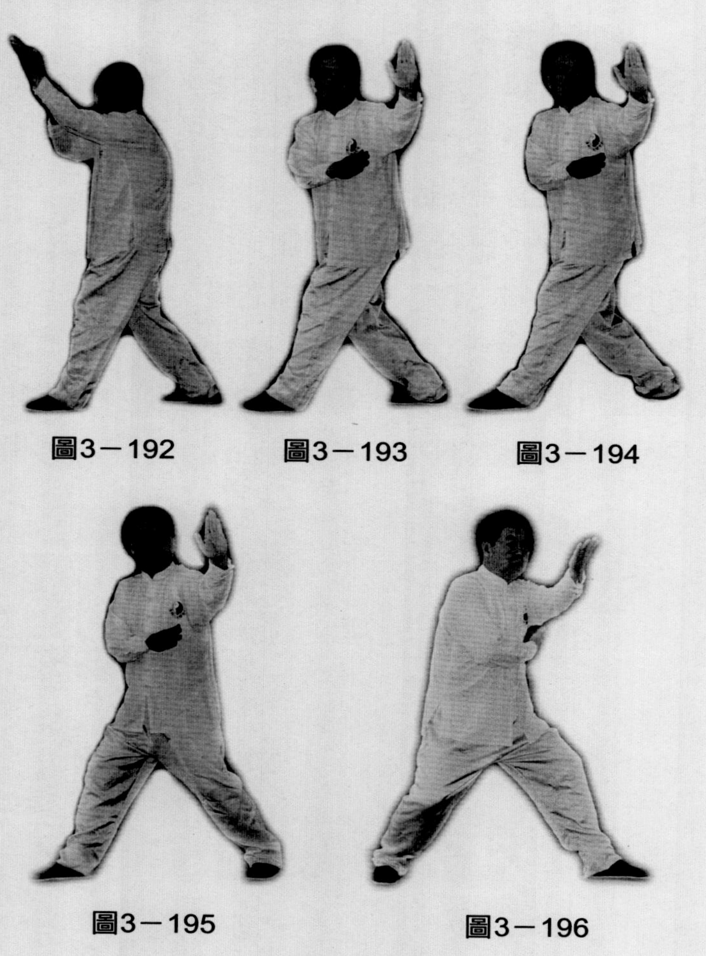

圖3－192　圖3－193　圖3－194

圖3－195　圖3－196

【要點】

(1) 此八大掌需左右雙練，不可單練一邊。

(2) 初練者必須嚴格按要求一步步練習。一步一停，為定式練法。身法、步法、手法清楚

圖3－197　圖3－198　圖3－199

圖3－200　圖3－201　圖3－202

後，即可腳步不停地練習，是為活步練習。最後，可以打破八大掌的順序，穿插練習，叫做變式練法。

(3) 單換掌為八大掌的基礎，尤需多練。

(4) 習練時，須在一掌純熟後，再習後面的掌法；不可貪多求快。

(5) 八卦掌是內家拳法，其勁力剛柔相濟，力由根發。

(6) 此八大掌為劉式八卦掌的核心掌法，法真式簡，奧妙無窮。只有認真學習，刻苦鍛鍊，細心揣摩，多方求證，才能功夫上身，得到真諦。

第四節　單操散式

散手，又稱單操散式，是劉式八卦掌訓練體系中重要的組成部分，既可單練，亦可對練。現擇其部分代表動作介紹一二，供廣大八卦掌愛好者練習和參考。

一、開　卦

1. 懸頭豎項，正身站立，兩臂垂於體側，

目視前方（圖3－203）。

2.兩腿微屈，重心下沉，身體微左轉，右腳向左腳併攏。兩掌下按於體側。不停，右腳向體前上步成右弓步。同時，右掌由腹前沿中線擰勁上穿，掌心向上，指尖向前，沉肩墜肘。目視前方（圖3－204、圖3－205）。

3.右臂原地擰裹內旋的同時，向體右側下掛，掌心向下，掌指向前。同時，身體重心從弓箭步撤至兩腿中部。目視前方（圖3－206、圖3－207）。

4.上左步成左弓箭步，左式練法與右式相同，循環往復練習（圖3－208～圖3－211）。

圖3－203　圖3－204　圖3－205

圖3－206　圖3－207　圖3－208

圖3－209　圖3－210　圖3－211

二、雙撞掌

1. 正身站立，調整呼吸。重心下沉，兩膝微屈。兩掌按於體側，掌心向下，指尖向前。目光平視（圖3－212）。

2. 上右步。同時，左臂不動，屈右臂於體前掩肘。重心偏於左腿。目光平視（圖3－213）。

3. 右手以腕為軸，向體右側水平勾手，右臂高與肩平。目光平視（圖3－214）。

4. 上左腳，與右腳成併步，保持身體下蹲後的高度不變。左掌與右掌同時向體前撞出，兩掌掌心向前，小指沿向上，兩臂成環抱。目視前

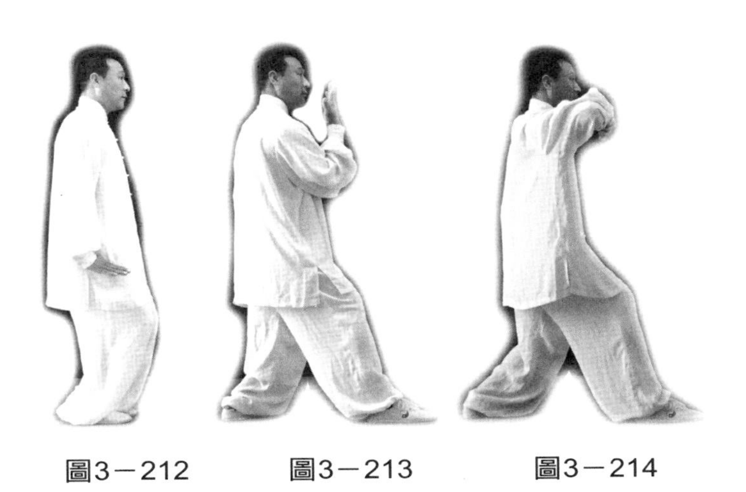

圖3－212　　圖3－213　　圖3－214

方（圖3－215）。

5. 左式練法與右式同，循環往復練習（圖3－216～圖3－219）。

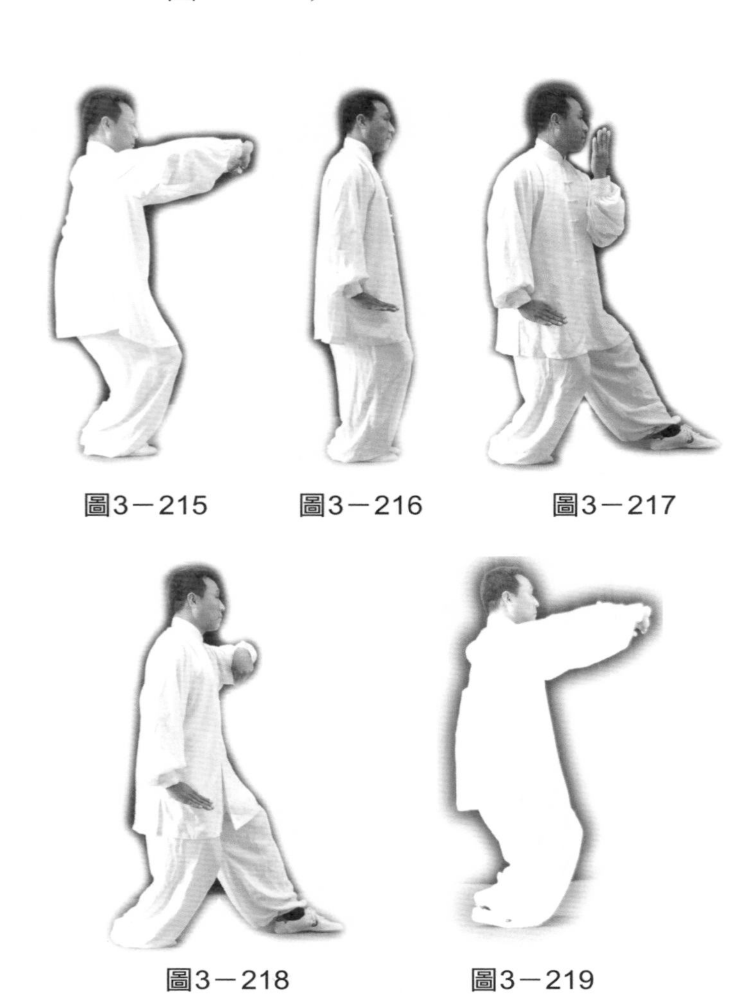

圖3－215　圖3－216　圖3－217

圖3－218　圖3－219

三、定式踏掌

正身站立，目光平視。重心下沉，兩腿微屈。同時，兩臂相交於體前，高與胸齊，掌心向內，指尖向上。目光平視。開右步，重心偏於左腿。同時，左臂架於頭頂上方，右掌向右胯一側踏掌，掌心向下。周身勁力飽滿。目視右前方（圖3－220～圖3－222）。

左式練法與右式同，循環往復練習（圖3－223～圖3－225）。

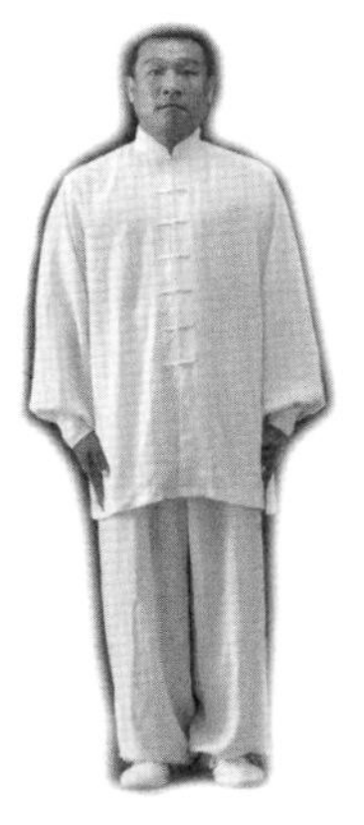

圖3－220

圖3－221

圖3－222

圖3－223

圖3－224

圖3－225

附　錄

董公墓表

董先生墓表（1883年）

碑額有「後生宗鑒」款識

先生姓董諱海川，世居文安城南朱家務。少任豪俠，不治生產。法郭解之為，濟困扶危，不遺餘力。性好田獵，日騁於茂林之間，群獸為之辟易。及長，遍遊四方，所過吳越巴蜀，舉凡名山大川，無不歷險搜奇，以壯其襟懷。後遇黃冠，授以武術，遂精拳勇。不意中年蹈司馬公之故轍，竟充宦官。先生嫉惡如仇，時露英氣，同人即起猜嫌，改隸肅邸。因老氣骸，始得寓外舍。請藝者，自通顯以至工賈與達官等幾及千人，各授一藝。嘗遊塞外，會數人各持利器，環而擊之，先生四面迎拒，捷如旋風，觀者群雄無不稱為神勇憚其豐采。及至彌留之際，從者啟其手足誠如鐵漢，越三日，端坐而逝，意者以為羽

化。都中門人服縞素者百餘人，因營葬於東直門外，距城里許，哀痛難忘，議立表識，以伸嚮往之忱。

光緒九年春二月立石

鐵嶺貴榮撰

瀋陽清山書

武遂古郡王振郭璽亭刊

碑陰銘文

額題「徽則攸遠」

銘曰：先生其靈氣之所鍾也，何生而有異於人。脫令壯年，仗劍以從軍，吾焉知其所不掃蕩乎煙塵，即不幸而為隱君子，亦可蠖屈以完身。乃鬱折而白圭有玷，豈其有隱痛而生不逢辰。然身雖泯而名則榮，其誰曰不抱璞而全貞。嗚呼，自古燕趙多慷慨悲歌之士，不禁抗懷屠狗，獨黯然其銷魂。

大清癸未春

鐵嶺貴榮撰

瀋陽清山書

尹　福　馬維祺　史繼棟　程廷華　宋長榮
孫天章　劉登科　焦毓隆　谷毓山　馬存志
張　均　秦玉寬　劉殿甲　呂成德　安　分
夏明德　耿永山　魏吉祥　錫　章　王辛盛
王懷清　沈長壽　王德義　宋紫雲　宋永祥
李萬友　樊志湧　宋龍海　王永泰　彭連貴
付振海　王鴻賓　谷步雲　陳春林　王廷桔
雙　福　李長盛　徐兆祥　劉寶貞　梁振圃
張英山　郭玉亭　趙雲祥　張全奎　焦春芳
劉鳳春　司元功　張　鐸　清　山　何　五
何　六　郭通海　徐鶴年　馮　濂　李壽年
陳　泮

小門生：

張逸民　馬　貴　楊峻峰　劉金印　文　志
奎　玉　王　志　世　亭　居慶元　劉印章
耿玉林

文安董公墓志（1904年）

名之於人大矣哉，有汲汲求名而名不傳者。有操必傳之術而乃韜光養晦，轉以自匿，久之宏中肆外而名以日顯，若吾師董公殆其人歟。公諱

海川，文安人，生有神力，幼以武勇名鄉里，弱冠後技益精。訪友於江皖，迷失道入亂山中，終日不得出，度無生理。忽有人於山巔招之以手，乃攀藤附葛而上，至則其人謂之曰：「師侯汝久矣。」因導之行，見廟宇奇幻，類非人世，蜿蜒而入。歷數處，一道者裝，童顏鶴髮，遙謂之曰：「汝來何遲乎？」遂授以擊刺進退之法，練神導氣之功。凡其所傳，皆平日所未聞未睹者。居久之又謂曰：「汝行矣，可以問世矣。」遂麾之使出。比回視，則煙雲縹緲，已失其處。噫！此公至誠所感，所遇者其殆仙歟。公神力得自天授，而技藝又獲自仙傳。此後遂無有能敵之者。後緣事入肅邸效力，蒙賞七品首領職，以故公在都之時多。公性情退讓，不欲見異於世，然既負絕技，遊其門者常數十百人。名由是歷久彌彰。公往矣，至今都人士猶嘖嘖稱道弗衰。福等久恭門下，未忘汲芳徽，今特略志梗概，銘諸貞石。

大清光緒歲在閼逢執仲春上浣

門人尹福等敬立

光緒三十年碑陰「永垂不朽」

河北國術館教職員：

李盛清　何忠麟　何萬財　何淑珍　樊連印
盧書英　邱長通　博海玉　馬玉成　盧蘊苓
王林明　何淑芳　李榮貴　霍文秀　李緒綸
何忠義　董信言　何忠祥　何玉明　何淑容
趙近喜　霍芳淑　周學義　霍瀛海　鄭廷杰
霍金章　李長立　霍常永　崔信仁　盧瑞慶
王雙齡　盧潤臣　閻啟喜　盧雲發　黃緒斌
盧蒲容　唐崇瑞　盧金祥　李　榮　盧書廷
周志立　盧樹堂　趙殿英　盧潤身　王修祥
周書年　付崇安　盧德聲　王步雲　盧清聲
楊長明　盧道聲　林景周　盧撮聲　李長德
盧蓋聲　趙良臣　盧愛聲　劉宋智　尹　福

董公墓志（1930年）

董公海川，河北文安人，力大貌奇，方腰駢肋，素好技擊，勇武過人。弱冠後俠遊九華山上，得遇仙傳，藝遂大精。十數勇士圍攻，手到

皆疲。尤有奇者，屋頂黃鳥群噪，公縱身上跳，連擒其三。更有劍擊專家，特與公賽，公則赤手空拳，奪其械踏其足，賽者皆靡。公手長過膝數寸，故拳掌出人意外，皆難防範。有異相因有異術，名噪一時，爭相師事，前後門徒不啻千百。深恐支派繁衍，系統紊亂，爰公議二十字傳統，並刊碑以垂永久。

海福壽山永，強毅定國基，昌明光大陸，道德建無極。

第五世後學汪慧書丹

中華民國十九年三月二十六日

馬　貴　門寶珍　馮俊義　張殿凱　何金奎

尹玉璋　盧書魁　等公立。

文安董公墓志（1930年）

公董氏諱海川，文安人。生有大力，以勇武稱於鄉里。弱冠後，遂以武術名，遊其門者約數十百人之多，至今都人士猶稱道弗衰。此其藝斷非常人所能及也。蓋嘗讀公之略歷，始知公之技藝，實為得之於仙者矣。至於仙傳之妙，前人論其詳，書魁毋贅述，所最令人欽佩者，公之性情

退讓，不欲見異於人，而卒享大名於後世。噫！公之藝術，冠絕群倫。書魁雖未得為公之徒，而既私淑諸人殆無異親炙於公門下也。書魁受業獲益良多，故感公之大德而銘之於石云。

第四世後學盧書魁等敬立

第五世後學汪慧敬書

中華民國十九年歲次上章敬，仲春月上浣，敬立

歌　訣

八卦掌總訣

八卦掌，走為先，收即放，去即還，變換虛實步中參。走如風，站如釘，擺扣轉換步法精。腰為纛，氣為旗，眼觀六路手足先。行如龍，坐似虎，動似江河靜如山。陰陽手，上下翻，沉肩墜肘氣歸丹。抱六合，勿散亂，氣遍身軀得自然。擺扣步，要仔細，轉換進退在腰際。手打三，足打七，手腳齊進莫遲疑。胯打走，肩打撞，偎身擠靠暗頂膝。高不扼，低不攔，迎風接進最為先。數語妙訣拳中要，不練純功亦徒然。

三十六歌

歌　一

空胸拔頂下塌腰，扭步掰膝抓地牢。

沉肩墜肘伸前掌，二目須向虎口瞧。

歌　二

後肘先疊肘掩心，手再翻塌向前跟。
跟到前肘合抱力，前後兩手一團神。

歌　三

步彎腳直向前伸，形同推磨一般真。
屈膝隨胯腰扭足，眼到三面不搖身。

歌　四

一勢單鞭不為奇，左右循環乃為宜。
左換右兮右換左，抽身倒步自合宜。

歌　五

步既轉兮手亦隨，後掌穿出前掌回。
去來來去無二致，要如弩箭離弦飛。

歌　六

穿時指掌貼肘行，後肩改作前肩成。
莫要距離莫猶豫，腳入襠兮是準繩。

歌　七

胸欲空兮氣欲沉，背緊肩垂臂前伸。
氣到丹田縮穀道，直拔額頂貫精神。

歌　八

走時周身莫動搖，全憑膝下兩相交。
低勢雖講平膝胯，中盤也要下腿腰。

歌　九

抿唇閉口舌頂齶，呼吸全憑鼻孔過。
力用極處哼哈泄，混元一氣此為得。

歌　十

掌形虎口要撐圓，中指無名縫裂開。
先戳後打使腕骨，鬆膀長腰跟步鑽。

歌十一

下步合膝倒步掰，換掌換步矮身骸。
進退退進隨機勢，只須腰腿巧安排。

歌十二

此掌與人大不同，進步抬前乃有功。
退步還先退後足，跨步盡外要離中。

歌十三

此掌與人大不同，手未動兮膀先攻。
未從伸前先後縮，吸足再吐力獨行。

歌十四

步掌與人大不同，前掌後掌力相通。
欲使梢兮先動根，招招如是不能鬆。

歌十五

此掌與人大不同，未擊西兮先聲東。
指上打下熟得知，捲簾倒流更神通。

歌十六

天下精術怕三穿，不走外門亦枉然。
他走外兮我走內，伸手而得人費難。

歌十七

掌使一面不為功，至少仍須兩面通。
一橫一直三角手，使人如在我手中。

歌十八

高欲低兮矮欲揚，斜身繞步不須忙。
斜翻倒翻腰著力，翻到極處力要剛。

歌十九

人道掌法勝在剛，郭老曾言柔內藏。
個中也有人知味，剛柔相濟是所長。

歌二十

剛在先兮柔內藏，柔在先兮剛後張。
他人之柔腰與手，我則吸腰步穩揚。

歌二十一

用到極處須轉身，脫身化影不留痕。
如何變動端在步，出入進退腰先伸。

歌二十二

轉掌之神頸骨轉，轉頸扭項手當先。
變時縮頸發時伸，要如神龍首尾連。

歌二十三

打人憑去膀為根，膀在肩端不會伸。
若欲進時進前步，若進後步枉勞神。

歌二十四

力足發自筋與骨，骨中硬出筋須隨。
足跟大筋通腦脊，發招跟步力能摧。

歌二十五

眼到手到腰腿到，心真神真力又真。
三真四到合一處，防已有餘純制人。

歌二十六

力要剛兮更要柔，剛柔偏重功難收。
過剛必折真物理，優柔太盛等於休。

歌二十七

剛柔相濟是何言，剛柔相輔總無難。
剛柔當用乾坤手，掀天揭地海波瀾。

歌二十八

人剛我柔是正方，我剛人柔法亦良。
剛柔相遇腰求勝，解此糾紛步法強。

歌二十九

步法動時腰先提，收縮合宜顯神奇。
足欲動兮腰不動，蹌踉邁去誤時機。

歌三十

轉身變步步莫長，擦地而行莫要慌。
看準來路方伸手，巧女穿針隱柔剛。

歌三十一

人持利器我不忙，飛劍遙遙到身旁。
看他來路哼哈避，邪不勝正法頗良。

歌三十二

短兵相接似難防，哪怕鋒利似魚腸。
伸手取來探囊物，指山打虎妙中藏。

歌三十三

人眾我寡力難擋，巧破千鈞莫要忙。
一手不勞憑指力，犁牛猶怕反弓張。

歌三十四

伸手不見掌前伸，又無油鬆照彼身。
收縮眼皮努睛看，底盤掌使顯奇神。

歌三十五

冰天雪地路濘滑，前腳橫使且莫差。
翻身切忌螺絲轉，高低緊避乃為佳。

歌三十六

用時最要是精神，精神煥發耳目真。
任憑他人飛燕手，蟻鳴我聽虎龍吟。

四十八法

一、身法訣

手法步法緊相隨，手到步落力必微。
手腳俱到腰乏力，去時遲緩抽難回。

二、相法訣

如遇群敵相法先，未從進步退當然。
退則審勢知變化，以逸待勞四兩牽。

三、步法訣

未曾動梢先動根，手快不如半步跟。
進退出入六半步，制手避招而安神。

四、邁步訣

功夫本從變步來，兩手變化隨步開。
高挑低摟橫裹掩，推託帶領不離懷。

五、連步訣

連步必三費功夫，出手簡捷自然無。
搭手轉身是空手，擊掌時機在偏仆。

六、囤步訣

囤步莫要兩相齊，前虛後實須相宜。
若要站齊前後仰，也且腰短少靈機。

七、手法訣

偏沉則隨雙重滯，外硬裡軟拈槍勢。
横推裡鉤身軸轉，唯有縮手腰腹隨。

八、力法訣

莫道冷彈脆快硬，更有六合顯奇能。
脆硬細分無二致，發勁全憑心力合。

九、存力訣

只會使力不會存，力過猶如箭離弦。
非但無功且有害，輕則失敗重折身。

十、續力訣

力著他人根已斷，若再續力彼難逃。
此時惟有衝前步，長腰長臂一齊發。

十一、降人訣

快打慢兮不足誇，強制弱兮不為佳。
最好比人高一著，顧盼中定不空發。

十二、決勝訣

彼力千斤快如梭，避強用順快步挪。
千人只有三五近，稍伸手腳不難著。

十三、運用訣

高打矮兮矮打高，斜打胖兮不須搖。
若遇瘦長憑捋帶，年老無功上下瞧。

十四、封閉訣

手講三關腳屈伸，一手三關腳直進。
肩肘腕胯膝可用，縮頸空胸步帶軀。

十五、接拳訣

五花八門亂如麻，長拳短打混相加。
你越快疾我越慢，我若發時鬼神泣。

十六、摘解訣

多少拿法莫憑技，兩手拿一何足奇。
任他神拿怕過頂，穿鼻刺目自難敵。

十七、接單補雙訣

莫說兩手仗堅兵，一來一往方逞能。
閉住右手左無用，雙手齊夾更無功。

十八、打磨指山訣

他人來手我不然，側身還擊彼自還。
他若還時我入手，他若封時三手連。

十九、脫身化影訣

他不來時我引來，他若來時我化開。
不須手避憑身段，步步不離兩肘間。

二十、背後轉身訣

伸手要小步要大，開步半步貼身抓。
跨步落地蹲身轉，他若轉時我鷹拿。

二十一、磕砸劈訣

彼來迅疾我更先，砸右換步左手粘。
左來加肘樁橫立，雙來乾坤手搖圈。

二十二、半圈手訣

他人手法多直線，跨上半步如等閑。
即或指直打斜法，再跨半步不相干。

二十三、整圈手法

四面皆敵我在中，穿花打柳任西東。
八方憑勢風雲變，不守呆式不走空。

二十四、心眼訣

心為大將眼為法，見景生情能制他。
最忌心癡眼不準，手忙腳亂費周折。

二十五、定眼訣

四方刀槍亂如麻，只當昏夜月無光。
矮身定睛招路廣，步步彎行自贏他。

二十六、接器訣

長短單雙器固精，算來不如兩手靈。
鐵掌煉來兵一樣，雙手偏找橫腕行。

二十七、保身訣

以強制弱不足誇，以弱勝強方是法。
任他離弦箭硬快，左右磨身保無差。

二十八、亂人訣

心亂先從眼上亂，千招不如掌一穿。
對準鼻梁連環使，跨步制人左右換。

二十九、開合訣

欲合先開是一般，見開防合不二傳。
詐敗佯輸知捲土，指東打西意中含。

三十、定身訣

任他千手千眼快，守住中身是枉然。
不到要時不伸手，伸手即便發手還。

三十一、求近訣

封閉固是護身招，躲過他人自逍遙。
切忌遠出尺步外，開門繞道法不牢。

三十二、六路訣

他人六路足可言，我掌六路更可觀。
動步既能各方顧，瞻前顧後自無難。

三十三、不二訣

法不準兮不妄發，發不中兮再連發。
任他手法多靈巧，不勾魂魄也摧身。

三十四、防滑訣

冰天雪地步難牢，前橫後直記心梢。
轉動須用小開步，切忌挺身法打高。

三十五、穩步訣

步不堅穩身必搖，腳踏實地勝千招。
進驅足趾退懸踵，不識步法莫回瞧。

三十六、小步訣

回身轉步必須小，步大全身難靈巧。
欲要轉身邁半步，人難擒兮人不曉。

三十七、掌法訣

掌法雖分上中下，上下不過是掌架。
圓轉自如唯中盤，高下全從此變化。

三十八、忌俯訣

低頭如同眼不開，而且身易往前栽。
低頭彎腰中樞死，疾步迅掌使不來。

三十九、忌仰訣

緊背空胸靜中求，挺胸坦腹悔難收。
疊腹吸腰來不及，最怕轉身不自由。

四十、正身訣

全身力量在中樞，自身惡斜力不周。
別看步彎身必正，發手如箭不停留。

四十一、補身訣

身如重軸腰腿從，主弱從強難制人。
進退閃展憑身法，若無腰腿不生神。

四十二、拗身訣

人來自我已貼身，此時手腳不贏人。
左右吸收回扭法，化險為夷把人擒。

四十三、跨步側身訣

穿梭直入勢難停，先發制人顯他能。
若遇此手接連進，不如跨步側身靈。

四十四、左右甩身訣

閃躲東方西復來，搖身一變甩身開。
左右連環皆如此，前推後跟腰安排。

四十五、步沉身訣

路遇身高架大漢，舉手招封勢所難。
盤步沉身使猶下，入我機關使法寬。

四十六、忌拿訣

八卦之手不講拿，我拿人兮我亦差。
設若人多不方便，直出直入也堪誇。

四十七、忌站訣

混元一氣走天涯，八卦妙理此中藏。
招招不離腳變化，站住即為落地花。

四十八、太上訣

力要足活招要佳，即或使空三不紊。
招套招兮無窮盡，要得所傳在精純。

傳承表

第一代

劉鳳春（董海川關門弟子）

第二代

劉文華（劉鳳春之子）

第三代

史建華（師承劉文華）

第四代

史建華系：

史學良（史建華之子）　李文錦　朱良成
王廣林　周樹青　趙玉文　張志江　祝振軍
劉樹青　劉克勤　王曉岩　孟祥文　丁　彪
果樹民　蔣來生　劉恩生　野志學　李鐸鵬
李金波　陳昶宇　馬振江　董　印　閆金釗

郭寶成　劉振橋　蘇　軍　王　磊　李春啟
劉海東　張利軍　施學超　肖文軍　王德純
閆術義　李振利　馬會來　馬春海　方志英
劉永田　裴　國　孟令奇　杜　福　李建平
張勝利　周　明　蔡　華　祁衛東　羅玉紅
王　永　任建國　馬　剛　趙　力　崔淵龍
梁文旭　郭道華　高海林　陸維東　李雪峰
張燕京　邢　浩　劉　瀟　劉東杰　劉丙光
孫明生　田雲龍　張西可

史學良弟子：

史成斌　王廣清　王勤山　梅竹村　單迎春
李志剛　劉　洪　鄭英華　李文棟　郭立勇
曹召成　孫樹鑫　竇火峰　王少卓　王　臣
陳江濤　何維聰　韓宏鵬　果豔鵬　甯　寧
馮　岩　屈海飛　陳　鵬　劉　琦　紀　騰
屈海英　閆虹旭　馮　運　屈　越　宗潤峰
陳　波　祁　林　楊光利　野曉東
Dirk Lehmann（德國）　Vwe Helms（德國）
Klavs Walter（德國）

後　記

光陰荏苒，歲月如梭，家父轉眼仙逝已十年了，然而他老人家的諄諄教誨，聲聲叮囑，仍時常迴響在耳邊。晨曦中，月光下，老人家習武的身影彷彿就在眼前，尤其是先父「積極練功，努力傳承劉式八卦掌」的殷殷遺願更是無時不在激勵著後人。

作為劉式八卦掌第四代傳人，我深感傳承之責任重大，值得慶幸的是《劉鳳春八卦掌》一書終於在大家熱切期盼和鼎力相助下得以出版，這也是先父畢生之心願，所以在書中除了筆者及師弟閆金釗的拳照外，還選用了先父部分拳照，以此聊表我情，告慰先靈。

在劉式八卦掌幾代傳承過程中，由於種種原因，始終沒有系統的專著問世；此書的刊行，也許會存在一些問題，書中如有言之未盡事宜，言之未詳之描述，或言之有誤之處，誠請武術界同仁及武術愛好者來函來電交流，並提出寶貴意

見。

　　在此書出版之際，我衷心感謝長期以來一直關心、支持劉式八卦掌發展的各界友人和家族中的每一位成員；感謝涿州八卦掌研究會的所有同門，特別是孟祥文、劉克勤、馬振江、閆金釗、劉振橋、趙力、邢浩等諸位師弟的積極參與，在此一併致謝！

史學良

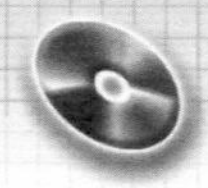

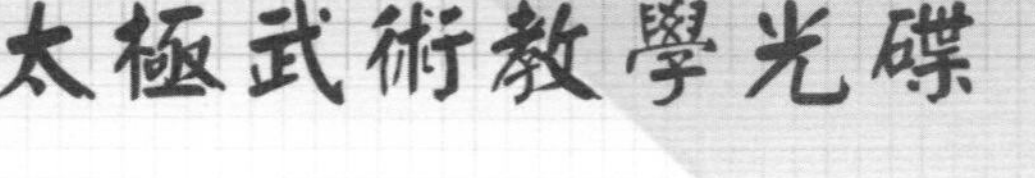

太極功夫扇
五十二式太極扇
演示：李德印 等
(2VCD)中國

夕陽美太極功夫扇
五十六式太極扇
演示：李德印 等
(2VCD)中國

陳氏太極拳及其技擊法
演示：馬虹(10VCD)中國
陳氏太極拳勁道釋秘
折拳講勁
演示：馬虹(8DVD)中國
推手技巧及功力訓練
演示：馬虹(4VCD)中國

陳氏太極拳新架一路
演示：陳正雷(1DVD)中國
陳氏太極拳新架二路
演示：陳正雷(1DVD)中國
陳氏太極拳老架一路
演示：陳正雷(1DVD)中國
陳氏太極拳老架二路
演示：陳正雷(1DVD)中國
陳氏太極推手
演示：陳正雷(1DVD)中國
陳氏太極單刀・雙刀
演示：陳正雷(1DVD)中國

郭林新氣功
(8DVD)中國

本公司還有其他武術光碟
歡迎來電詢問或至網站查詢
電話：02-28236031
網址：www.dah-jaan.com.tw

原版教學光碟

歡迎至本公司購買書籍

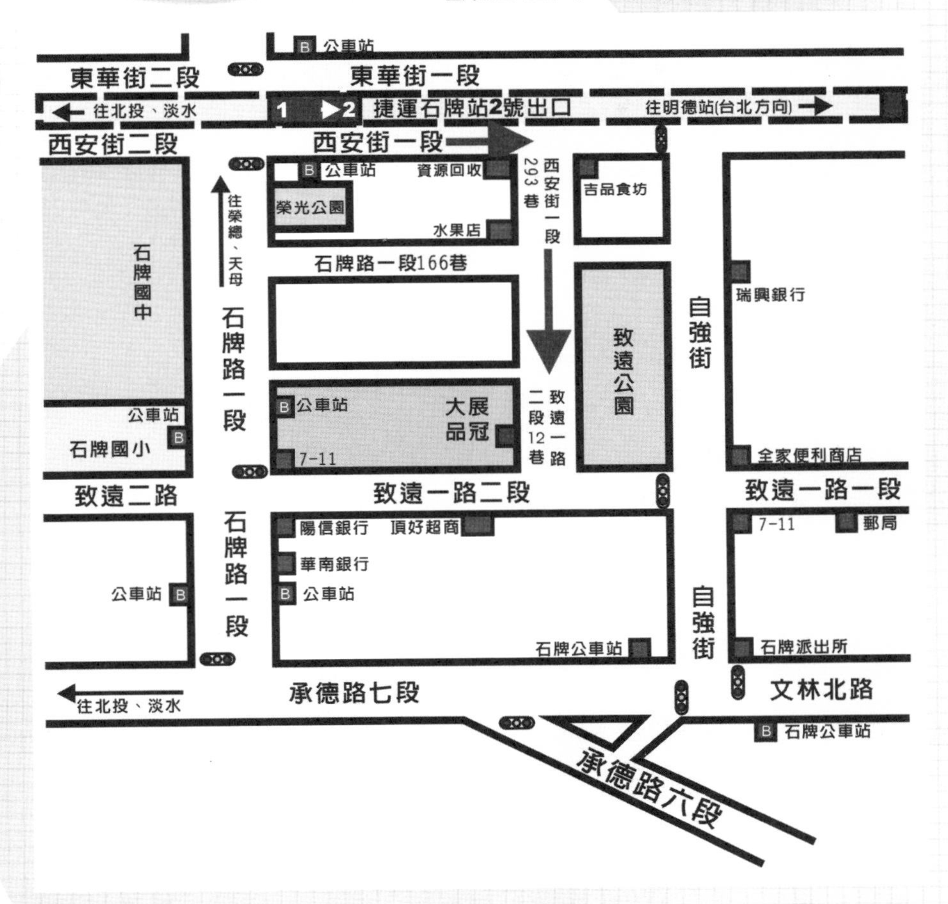

建議路線

1.搭乘捷運・公車

淡水線石牌站下車，由石牌捷運站2號出口出站(出站後靠右邊)，沿著捷運高架往台北方向走(往明德站方向)，其街名為西安街，約走100公尺(勿超過紅綠燈)，由西安街一段293巷進來(巷口有一公車站牌，站名為自強街口)，本公司位於致遠公園對面。搭公車者請於石牌站(石牌派出所)下車，走進自強街，遇致遠路口左轉，右手邊第一條巷子即為本社位置。

2.自行開車或騎車

由承德路接石牌路，看到陽信銀行右轉，此條即為致遠一路二段，在遇到自強街(紅綠燈)前的巷子(致遠公園)左轉，即可看到本公司招牌。

國家圖書館出版品預行編目資料

劉鳳春八卦掌／ 史建華 史學良 著
——初版——臺北市，大展，2016[民105.07]
面；21公分——（中華傳統武術；21）
ISBN 978-986-346-119-7（平裝）
1.拳術 2.中國
528.972 105007622

劉鳳春八卦掌

著 者／史 建 華 史 學 良
責任編輯／王 躍 平
發 行 人／蔡 森 明
出 版 者／大展出版社有限公司
社 址／台北市北投區（石牌）致遠一路2段12巷1號
電 話／(02) 28236031・28236033・28233123
傳 真／(02) 28272069
郵政劃撥／01669551
網 址／www.dah-jaan.com.tw
E-mail ／service@dah-jaan.com.tw
登 記 證／局版臺業字第2171號
承 印 者／傳興印刷有限公司
裝 訂／眾友企業公司
排 版 者／千兵企業有限公司
授 權 者／山西科學技術出版社
初版1刷／2016年（民105年）7月

定 價／200元

大展好書　好書大展

品嘗好書　冠群可期